AF600017

DIARIO A BORDO DEL SIRIUS

(crónica de la Global Sumud Flotilla a Gaza)

Por Manuel García

Prólogo

Este libro es el diario de una navegación. Una crónica, que de sus días y noches en ese prodigio solidario que fue la Global Sumud Flotilla, nos hace Manuel García Morales, uno de los embarcados. Él mismo nos proporciona una breve autobiografía que, sin alardes y adornos, de manera directa, concisa, nos da cuenta de una vida entregada a la lucha por un mundo mejor, más justo, y al más profundo de los compromisos. Coherencia que le proporcionó a Manuel el cariño y la amistad de otros como él y, por supuesto, el paso por cárceles franquistas y el secuestro por el estado terrorista de Israel tras navegar para romper el bloqueo criminal al que somete Gaza. Esa vida que sin vanagloria nos resume, confirma que el compromiso y la conciencia política no crecen en el vacío: Manuel, malagueño, nieto e hijo de fusilados y represaliados, heredó las luchas de sus mayores y las ha seguido peleando, adecuándolas a los enemigos en cada momento. Porque sí, la opresión, el fascismo y el genocidio van cambiando de caretas y eslóganes, pero el tuétano negro es siempre el mismo. Todas las luchas son la misma lucha. Los fascistas que bombardearon a civiles en *la Desbandá* lo hacen ahora en Gaza. Manuel y la gente como él, valiente y valiosa, más necesaria que nunca en estos tiempos, lo saben. Por eso, por este diario de la Global Sumud Flotilla desfilan también los atletas que tras no poder celebrarse las Olimpiadas Populares del 36, se quedaron en España para luchar en las Brigadas Internacionales; esfuerzos de flotillas anteriores como la de la Libertad, de 2010, y las posteriores hasta llegar a la que reseña este libro, barcos y barcos, voluntarias y voluntarios navegando año tras año con el compromiso de no dejar de hacerlo mientras dure el bloqueo. Activistas de decenas de países que saben que serán, casi con total seguridad atacados y secuestrados por ese ejército israelí que se dice "el más moral del mundo". Oxímoron evidente y general a cualquier ejército y particularmente al sionista, que está entrenado en la brutalidad y el genocidio. Lo saben y se entrenan para ello, para la resistencia pacífica, alentados por esa frase de Lorca que cita Manuel: "no hay nada tan hermoso como lo imposible". Hombres y mujeres del pueblo, con mil oficios pero una sola conciencia que los lleva a enfrentarse a la injusticia. Madres que se embarcan para dar ejemplo a sus hijos de que hay luchas que merecen la pena, que no se pueden abandonar. Barcos y seres humanos que nos gritan a los pueblos del mundo que tenemos un poder que desconocemos, para que no olvidemos que bastaría unirnos para conseguir cambiarlo todo. Como escribe Manuel: "No somos profesionales de la marina, somos defensores de la legalidad internacional, y nuestra protesta es pacífica. Llegaremos, a tranca y barrancas, pero llegaremos a Gaza". ¿Cabe mayor generosidad que la de esta Global Sumud Flotilla?

Sumud, significa resistencia en árabe.

De eso habla también este diario. De tejer resistencias, de ser nudos en redes cada vez más amplias de resistencias: los embarcados, los que paran una vuelta ciclista, los estibadores que paralizan puertos. Los palestinos son resistentes-impagables los testimonios de su lucha que Manuel inserta en el diario- y quienes los apoyamos debemos serlo también, militar en la esperanza de que ayudarles es posible, de que otro mundo es posible. Porque como bien explica Manuel: "La enorme y maravillosa movilización de millones de colectivos en todo el mundo, tiene que mantenerse y aumentarse, en la movilización cívica y popular recae la esperanza del fin del genocidio". Sí, civiles haciendo el trabajo que sus gobiernos no quieren hacer. Civiles que no tienen la brújula moral averiada y soportan, además de los peligros e incomodidades de una navegación tan larga en barcos tan pequeños, ataques con drones, objetos incendiarios, granadas aturdidoras hasta ser secuestrados, vejados, maltratados y encarcelados por el estado de Israel.

Así pues este libro es inspiración y llamada.

No dejemos de hablar de Palestina.

¡Viva Palestina libre!

Carlos Bardem

Madrid, 10 de enero 2026.

Día 1

28 de agosto de 2025
(cuatro días para zarpar)

Querid@s compañer@s, hoy ha sido la primera asamblea de las personas que componen la Global Sumud Flotilla que tiene previsto iniciar su viaje a Gaza, el domingo 31, para romper el Bloqueo y clamar contra el genocidio del pueblo palestino. La partida será desde el puerto de Barcelona.

Muchas personas solidarias de Barcelona han brindado sus casas para quienes tienen que pernoctar en la ciudad hasta la salida al mar. En mi caso, ha sido un gran compañero, Paco que participa en la Desbandá, el que me ha ofrecido alojamiento. Paco, de origen andaluz, como tantas otras familias de Málaga, emigró a Barcelona para poder sobrevivir en las duras condiciones de la dictadura franquista. Curiosamente su familia se instaló en el barrio de Torre Baró, famoso por aparecer en la película "El 47", y él siendo un adolescente vivió directamente las movilizaciones vecinales que se narran en la película.

La reunión ha sido en la sede de UGT del Paseo de la Ramblas. El secretario general del sindicato ha querido recordar que en el mismo salón donde nos reunimos, se celebró la reunión de la Olimpiada Popular que se iba a celebrar en Barcelona desde el 19 hasta el 26 de julio de 1936, como alternativa a los juegos olímpicos celebrados en Berlín, bajo el gobierno de Adolf Hitler. Se inscribieron 6000 atletas de 22 naciones, pero la Olimpiada popular fue suspendida por el golpe de estado monárquico reaccionario del 18 de julio. Al menos 200 de aquell@s atletas se quedaron en España para combatir el fascismo, incorporándose posteriormente a las Brigadas Internacionales. Todavía en 1996, hubo una Asamblea de sobrevivientes de las Brigadas Internacionales, en el mismo salón.

Hoy el grueso de las más de 200 personas que han participado en la reunión procede de 42 países distintos, que se han repartido en 20 delegaciones, y que partirán el domingo en al menos 20 barcos, desde el puerto de Barcelona.

Algunas de las personas presentes son de origen palestino. Una de ellas ha denunciado, que no conoce Palestina porque el gobierno del régimen sionista israelí, le niega la entrada en la que es su tierra, de la que su familia fue expulsada violenta e ilegalmente. Sin embargo, esa misma familia, anteriormente, había acogido en su casa a refugiados judíos que llegaban huyendo del holocausto en Europa.

En la Asamblea se repite una y otra vez que se trata de una acción de protesta legal y de carácter no violento. Se trata de navegar, con todos los permisos autorizados hacia la Franja de Gaza, sin tocar aguas territoriales de Israel y establecer un corredor humanitario para hacer llegar alimentos y medicinas a la población palestina, cumpliendo un mandato de Naciones Unidas. Será el ejército del régimen sionista quien, si detiene a la flotilla, estará violando una vez más el derecho internacional, violación por la que debería ser sancionado.

Hay una sesión en la reunión justamente para hablar de la lucha no violenta, y cómo este tipo de lucha promovida desde la sociedad civil ha sido exitosa, históricamente en muchas ocasiones, pero también se recuerda que los pueblos oprimidos tienen derecho a elegir sus formas de lucha y que la lucha armada se encuentra entre los derechos a resistir a los pueblos ocupados.

Se explica también como se ha constituido la Global Sumud Flotilla. Se trata de la unión de tres movimientos de solidaridad internacional con Palestina. El más antiguo es la Flotilla de la Libertad, que se formalizó en 2010, como una coalición internacional. Ese fue el año del abordaje del Mavi Mármara, donde ejército del régimen sionista mató a 10 personas e hirió a otras muchas, al disparar sobre los cerca de 500 activistas que viajaban a bordo. A pesar de ello la Flotilla de la Libertad, siguió enviando barcos todos los años hacia Gaza, con el compromiso de no cesar en ello mientras dure el bloqueo. Los otros dos movimientos internacionales, Marcha Global a Gaza, y Sumud (resistencia en árabe), son iniciativas surgidas este mismo año, como reacción al insoportable genocidio perpetrado por el régimen sionista, contra el pueblo palestino. Estas tres coaliciones, nacidas de la iniciativa popular se han sumado para enviar la flotilla más numerosa hasta el momento que viajará hacia Gaza, partiendo desde Barcelona, pero juntando más barcos a su paso por Túnez, Italia y otros países de la ribera mediterránea.

En algunos casos, personas que vuelven a navegar han sido, en ocasiones anteriores, o impedidas de navegar o apresadas, más bien dicho, secuestradas en alta mar por las fuerzas armadas sionistas y llevadas presas a Israel. Es el caso de Mikel Zuloaga, cuyo barco, el Conscience, fue bombardeado por el régimen sionista cerca de Malta el pasado 2 de mayo. O el de Thiago Ávila, y Greta Thunberg, cuyo barco, el Madleen fue secuestrado el pasado 9 de junio. También repiten compañer@s que fueron secuestradas con el barco Handala el pasado 25 de julio.

Hay personas de reconocido prestigio en sus países, que ejercen como representantes políticos de las diversas izquierdas, caso de la exalcaldesa de Barcelona, Ada Colau. Pero, sobre todo, el conjunto, es una suma de personas, de diversos colores, credos y países, que están dispuestas a jugarse la vida para detener el insoportable genocidio que vive Gaza y aportar su esfuerzo para la Libertad de Palestina. Y no hay barcos para tanta gente solidaria. Las algo más de doscientas personas que saldrán a navegar, han sido escogidas de entre más de 30.000 solicitudes.

Y el pueblo palestino nos espera. Un periodista de Al Jazeera nos ha comunicado que recibe cientos de mensajes desde Gaza esperando la salida de la Flotilla. Saben que probablemente no llegue impedida por la violencia del régimen sionista, pero para el pueblo palestino es un bálsamo para el alma comprobar que el mundo sigue siendo humano y solidario.

El día que Palestina sea libre, la humanidad será mucho más libre.

Día 2

29 de agosto de 2025
(tres días para zarpar)

ROMPER EL BLOQUEO ¡¡SÍ SE PUEDE!!

Hoy realizamos la segunda jornada de cursillo intensivo para afrontar el reto de navegar con docenas de barcos para llevar ayuda humanitaria a Gaza, rompiendo el bloqueo ilegal y genocida del régimen sionista de Israel. Ayer durante la sesión de tarde realizamos un simulacro de cómo los barcos son asaltados en aguas internacionales y secuestrados por el ejército sionista. El simulacro es tan real, que muchas personas se preparan realmente para uno de los posibles escenarios que nos espera. Las luces apagadas, las cortinas corridas y una oscuridad nocturna, mientras suena machaconamente el sonido de motores de barco. La gente ya sabe que va a ser asaltada y forma círculos de unas seis personas en posturas que dejan clara su actitud de no violencia y de aceptación de su detención. Sin embargo, entran soldados (personas de la propia organización de la flotilla), gritando "al suelo", gritando "terroristas" y golpeando y empujando hacia el suelo, a las personas que no están completamente tendidas boca abajo y con las manos sobre la nuca. Después del simulacro, los grupos por separado comentan lo que ha sentido cada persona, y luego se discute y se analiza en plenario.

Se han analizado cuatro posibilidades en el proyecto. Primero que no podamos salir a navegar por impedimentos burocráticos. Segundo, que la flotilla sea atacada militarmente.

Tercero, que sea interceptada y secuestrada. Cuarto, que la flotilla llegue a Gaza, podamos entregar la ayuda humanitaria a representantes del pueblo palestino y sentemos las bases para la creación de un corredor humanitario seguro para la población civil, tal como mandata las Naciones Unidas, y con esa convicción partiremos hacia Gaza. Como dijo el gran poeta del pueblo Federico García Lorca, asesinado por el franquismo, "no hay nada tan hermoso como lo imposible".

Gran parte del día de hoy, delegaciones internacionales han pasado por la tribuna del salón, y cada persona miembro de ella, se ha ido presentando personalmente. Han participado, por orden de presentación, la Delegación Nusuntara, formada por 9 países del sudeste asiático, encabezados por Malasia. Después, Reino Unido, Alemania, Colombia, Noruega, Argentina, Brasil, Suecia, Australia, Polonia, Irlanda, EEUU, Bélgica, Nueva Zelanda, México, España y Grecia. A la representación de estos países que se embarcarán el próximo domingo, se le sumará la representación de otros países, a lo largo del Mediterráneo.

Las presentaciones han sido muy emocionantes. Todo el mundo ha dicho algo. Algunas personas, en su intervención, eran escuetas, otras elocuentes, ingeniosas, divertidas, pero todas emocionadas. Me han impresionado las mujeres que han hablado como madres de hijos e hijas de cortas edad. Han decidido, así lo han explicado, comprometerse a fondo, pelear por salvar las vidas de niños y niñas palestinas, dejando una herencia de valores humanos y coherencia en la defensa de un mundo igualitario, respetuoso y donde la gente conviva en paz y con amor. Una de esas madres, ha leído la carta que le ha escrito a su hija, explicándoles los motivos de su acción.

Médic@s, enfermer@s, actor@s, periodistas, cantantes, diseñador@s gráficas, trabajador@s sociales, representantes de comunidades indígenas, diputad@s estatales y autonómicos, abogad@s, escritor@s, exmilitares, obrer@s, campesin@s, gentes normales como decían algunas de esas personas, en síntesis, pueblo, han ido manifestando públicamente su compromiso, con los Derechos Humanos, con la Humanidad, con el fin del genocidio y con la libertad de Palestina.

Esas presentaciones se han ido casando con exposiciones sobre los aspectos legales que se deben de tener en cuenta en caso de la intercepción y el secuestro de la flotilla, la defensa jurídica ante las detenciones, el apoyo jurídico con que contará la tripulación, tanto en Israel de manos de abogad@s palestin@s, así como en los países de origen. También se ha insistido mucho, en otras exposiciones, sobre el necesario equilibrio psicológico que deben de tener l@s activistas durante el viaje. Serán aproximadamente quince días de navegación en barcos pequeños, donde tendrán que convivir permanentemente alrededor de catorce personas con muy poco espacio para cada una de ellas, y que además tendrán como colofón la posible acción violenta contra ellas de un ejército adiestrado en la brutalidad y el genocidio. Las pautas de comportamiento, y de cuidados y respeto mutuo, se ha enfatizado y valoradas en su importancia.

Mientras tanto, alrededor de la preparación de l@s viajer@s, un ejército de personas voluntarias trabaja incansablemente todos los días. Empezando por la comida de mediodía preparada por numerosas personas voluntarias, para más de doscientas personas y que se han servido en el marco imponente del Museo Naval de Barcelona ubicado al lado del final de la Rambla. Por otra parte, el trabajo continuo, dentro de los barcos, cuya puesta a punto de navegación están realizando las tripulaciones de los barcos, capitanes, técnicos, mecánicos, de manera altruista, y que, sin su concurso, el proyecto de navegación sería inviable. Mucho más invisible, innumerables personas que sostienen la organización y que hacen posible la sincronización de la pesada maquinaria que se está poniendo en marcha.

Dentro del esfuerzo organizativo está por un lado las actividades lúdicas, festivas, culturales, solidarias y reivindicativas que se han puesto en marcha este viernes, mañana sábado 30 y el domingo 31 para despedir a la flotilla en el Moll de la Fusta, la zona más antigua del puerto de Barcelona. La agenda solidaria de las " Jornadas por Palestina, Despedida Global Sumud Flotilla Movimiento pacifista, eco friendly y unido contra el Genocidio" (del 29 al 31 de agosto) es muy rico en contenidos y el programa es el siguiente.

Con antelación el viernes 27 de agosto habría un concierto solidario con el siguiente progama: 17:00 Luquita Candombe • 17:20 Apertura Saif & Flotilla • 19:00 Sol Band (Gaza) • 20:00 Companyia Dharma • 20:45 Sobre Mi Gata • 21:15 Tribade • 21:45 DJ Marikarmen Free

El sábado 30 agosto pintura del Mural Juan Kantor (todo el día) y este programa que incluye serigrafía Papel_Warq (19:00) – camisetas con diseño palestino y esta agenda:

10:30 Taller infantil "World Handala" 10:00 Micrófono abierto • 10:30 Samba Quintal Delas • 11:00 Charla SODEPAU (sionismo) • 12:00 Saad Omar (arte y resistencia) • 14:00 ITACA (modelo extremista) • 15:00 Ester sin axe • 16:00 Coloquio de Resistencia • 17:00 Leila Hegazy • 18:00 Clara Peya & Friends • 19:30 Conversaciones con activistas catalanes • 20:15 Macaco • 21:00 Makimakkuky • 22:30 Sama Abdulhadi (DJ)

Dom 31 ago: 10:30 Star Workshop • 11:00 Jafra Dabke (danza) • 11:30 Despedida + charla Global Sumud

Y lo más importante, la conexión con miles de activistas en todo el estado que durante este fin de semana realizarán actos por el fin del genocidio y la libertad por Palestina, en toda la geografía de España.

Día 3

30 de agosto de 2025
(a un día de la partida)

MOLL DE LA FUSTA

El muelle de la madera es la zona más antigua del puerto de Barcelona, ya que fue construido por los romanos. Es desde allí desde donde se despedirá oficialmente a la Global Sumud Flotilla, en su navegación hacia Gaza. Por primera vez, una gran flotilla que se dirige hacia Gaza, con el objetivo de romper el ilegal y criminal bloqueo al que somete el régimen sionista de Israel al pueblo palestino, sale de España y desde un sitio muy emblemático e histórico, el Moll de la Fusta.

Este muelle, a tiro de piedra del final de la Rambla, y de la estatua de Colón, debe su nombre a la porfía popular que en muchas ocasiones dobla el pulso a la burocracia del poder. Esa zona del puerto de Barcelona, se llamó oficialmente Bosch i Alsina, en homenaje a un rico empresario catalán, de tendencia monárquica, que además de sus compañías de comercio con América, fue jefe de la Junta del Puerto, alcalde de Barcelona, senador y diputado. Pero el pueblo llano de Barcelona siguió llamando a este Muelle, el de la madera, porque era la zona donde se almacenaba la madera para su exportación. Finalmente, el muelle fue renombrado oficialmente como el de la madera. Muy cerca de allí, se observa a simple vista tres imponentes chimeneas; son el vestigio histórico de lo que queda de la Compañía Barcelonesa de Electricidad. Esta fábrica, desconocida para la gran mayoría, fue la primera empresa de

España, (y una de las primeras del mundo) donde después de 44 días de huelga, entre febrero y marzo de 1919, consiguió la jornada de trabajo de 8 horas, abriendo la brecha para que poco a poco, y a base de lucha y sacrificio se generalizara como derecho de la clase obrera. Aunque el primer impulso para ello fue la revolución soviética de 1917, que proclamó la primera ley estatal de la limitación legal de la jornada diaria a 8 horas de trabajo.

Es en este espacio histórico desde donde la Global Sumud Flotilla quiere hacer historia también. El conjunto de activistas, después de dos días de trabajo intenso hemos tenido hoy descanso, para poder disfrutar de la fiesta en el muelle, o simplemente para tomarse el día de vacaciones, antes del embarque de mañana domingo. Otros no han tenido tanta suerte, las tripulaciones de los barcos han seguido trabajando en ellos, poniéndolos a punto para zarpar mañana. Sobre mediodía, llegó al Moll de la Fusta, uno de los barcos que partirán mañana. Era un barco de muestra de los que van a navegar, y sirvió para que algunas personas de las que representan al colectivo dieran una rueda de prensa, al lado del barco y también dentro, entre ellas estaba Greta Thunberg, la chica sueca que empezó su lucha contra el cambio climático a los quince años llamando a la huelga de escolares, y que ahora con veintidos años está muy comprometida con el fin del genocidio en Gaza y la libertad de Palestina. Este compromiso político probablemente perjudique notablemente su imagen pública, considerada inocente e inocua, y es de valorar que afronte, por este compromiso con el pueblo palestino, la pérdida de esa imagen positiva. En el telediario de TVE de La1, junto a imágenes terribles de la destrucción de Gaza, de cuerpos famélicos, y de heridos y muertos, han dado (durante unos 25 segundos) la noticia de la partida de la flotilla mañana. Otras televisiones no han dedicado ni un segundo a la noticia. Y es que ligar el sufrimiento y el genocidio con la obligación de los gobiernos de todo el mundo, y también de la movilización popular para terminar con la matanza, no es conveniente. Si en vez de cien barcos hacia Gaza, fuéramos cien mil, exigiendo el fin del genocidio, le doblaríamos el pulso al régimen sionista y obligaríamos a los gobiernos y al Consejo de Seguridad de las Naciones Unidas a intervenir realmente. Ese el poder de los pueblos que solo descubren en momentos históricos precisos.

No perdemos la esperanza, la conciencia y la movilización sigue aumentando día a día. Desde la guerra de Vietnam, que acabó en 1975, con la derrota de EEUU, ningún pueblo había concitado tanta unanimidad y apoyo en la escala mundial como Palestina ahora. El régimen sionista de Israel, a pesar de sus crímenes en la ocupación de Palestina desde antes de 1947, mantenía el aura de un pueblo que había sufrido el genocidio del holocausto. Hoy, muchos judíos sobrevivientes o descendientes del holocausto condenan al estado israelí y defienden el derecho de los palestinos a conservar su tierra. El régimen sionista de Israel es hoy un estado paria, sostenido por el imperialismo decadente de EEUU.

Mañana partimos hacia Gaza, esperamos crecer en la travesía con decenas de barcos más y con centenares de activistas más. Confiamos en que estos días sean el principio del fin del holocausto palestino y su conquista de la libertad.

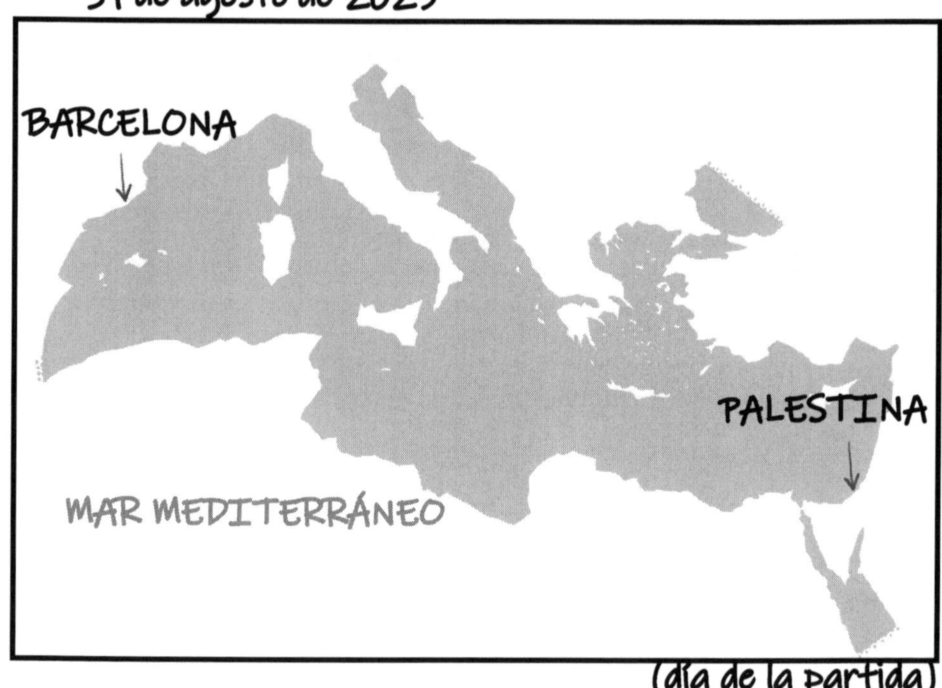
31 de agosto de 2025
BARCELONA
PALESTINA
MAR MEDITERRÁNEO
(día de la partida)

Día 4

31 de agosto de 2025 (día de la partida)

"Tod@s vamos en el mismo barco".

Esto es lo que ponía una pancarta, de entre las muchas que se han llevado al Moll de la Fusta para despedir a la Global Sumud Flotilla, en su partida para Gaza. Y esto es cierto, para las personas que han acudido a la despedida; unas cinco mil, según la guardia urbana de Barcelona. La gente lloraba, agradecía a quienes se subían a los barcos y al mismo tiempo envidiaban no poder subir también. Un solo corazón, un solo grito por Gaza, un solo barco, que aglutina a todas las personas que viajan, en los treinta barcos que han zarpado, y a todas las que han quedado en el Moll con sus banderas, sus kufiyas, sus pancartas, y sus lágrimas.

Un solo barco que lleva solidaridad a Gaza, que lleva consuelo, que lleva esperanza y que lleva ilusión a las víctimas del genocidio. Uno de los gritos más coreados, ha sido "Gaza no está sola". La despedida ha sido impresionante, después de distintas interpretaciones musicales y alocuciones desde el escenario, por fin, pasadas las dos y media de la tarde, se leyeron los nombres de cada barco, de su capitán o capitana, y de las personas que se embarcaban en él. Los barcos estaban alineados en una larga fila en el borde del Moll, y hacia allí fueron marchando las tripulaciones con sus mochilas, pero había un enorme gentío entre el cual apenas se podía pasar. Sin embargo, la propia gente abrió un pasillo por donde íbamos desfilando entre el agradecimiento de la gente, los gritos de "Viva Palestina Libre" y "Gaza no está sola". Nos daban la mano, nos daban besos, lloraban y nos hacían llorar, y el pasillo parecía que no se acababa nunca. Por fin fuimos subiendo cada cual, en su barco, y mientras este maniobraba para partir, la gente seguía gritando, cantando y llorando. He vivido muchas escenas de catarsis y sentimientos colectivos, pero creo que ninguno de la magnitud de éste. Hasta el final del puerto, prácticamente, la gente cubría los bordes de los muelles, despidiéndonos. A vuela pluma, con el barco ya despegando del borde del muelle, me regalaron un cuadrito pintado con barcos navegando con los colores de la bandera Palestina y también un dibujo muy bonito, en una hoja de papel, con colores también de la bandera palestina y en el reverso de la hoja el lema de "Sí se puede".

He tenido mucha suerte y de entre los cerca de treinta barcos que han salido navego en el Sirius, un velero bergantín histórico (que tiene dos palos), pues tiene 107 años de antigüedad. En el barco vamos unas veinticinco personas, entre tripulación y pasaje. La mayoría somos hombres, y cinco o seis mujeres. Entre las personas que navegan están: Serigne Mbayé, diputado al Parlamento como independiente en las listas de PODEMOS. Él nació en Senegal, fue pescador, hasta que decidió subirse en una patera donde llegó a Canarias. Fue el presidente del sindicato de manteros y campesino, antes de ser diputado.

Juan Bordera, diputado en las Cortes Valencianas, elegido como independiente en la lista de COMPROMÍS. Él es también, guionista, escritor y periodista. Es también un activista en la lucha por el decrecimiento como fórmula para poder afrontar el cambio climático y el deterioro medioambiental. Defiende la acción directa, a través de la desobediencia civil, no violenta. Es coautor, junto a Antonio Turiel, físico del CSIC del libro "El otoño de la civilización" y también del libro "¿El final de las estaciones?" escrito también junto con Antonio Turiel, y el biólogo del CSIC, Fernando Valladares.

Juan Carlos Giordano, abogado y diputado nacional de Argentina por el Frente de Izquierda y de los Trabajadores.

Es director del periódico El Socialista. Junto con él viene otro compañero, también del Frente de Izquierda, que fue diputado autonómico.

Hay españoles, argentinos, brasileños, malasios, como orígenes mayoritarios y más allá de títulos, gente comprometida con la libertad de Palestina, sin la cual, no se puede construir un mundo más igualitario y más justo.

Esta mañana, estábamos citados a las diez y media de la mañana en el Moll de la Fusta. En un entorno festivo, también ha sido muy gratificante coincidir con colectivos sociales y compañer@s de lucha. Además de acudir con mis anfitriones Paco y Fina, hemos coincidido con gente de la Marea de Pensionistas de Sant Boi. Al llegar al Moll hemos saludado a Oriol Junquera, presidente de Esquerra Republicana. También nos han comentado que Irene Montero había acudido a la despedida, aunque no hemos podido verla. Me ha dado mucha alegría saludar a mi primo Rafa García, recién prejubilado de la SEAT y de un montón de compañer@s de la Desbandá, la Asociación de Memoria Histórica que recuerda el genocidio del franquismo en febrero de 1937, contra la gran masa de población civil, más de 200.000 personas, que huyeron de Málaga por la carretera de Almería, siendo bombardeadas por todo el camino. Saludar también a compañer@s que han venido desde Madrid y de Euskadi en autobús a despedirnos, dándose la paliza de ir y volver en el día. También a camaradas y dirigentes del PCE como Manu Pineda, Cristina Simó y Albert Miralles.

No han estado presente, pero nos han mandado su apoyo y solidaridad, artistas como Jordi Évole, Luis Tosar, Vicky Luengo, Carolina Yuste, Juan Diego Botto, Carlos Bardem, Eduard Fernández y otros muchos.

Un día feliz, la salida de la flotilla hacia Gaza, que será recordada como un hito en la lucha por la paz, la igualdad y la libertad de los pueblos.

Hoy apenas hemos recorrido trayecto. Prácticamente vamos a pernoctar a la salida del puerto de Barcelona, evitando una travesía de noche que se anuncia movida por los vientos y mañana nos adentraremos en alta mar.

Día 5

1 de septiembre de 2025 (primer día de navegación, comienza la travesía)

"Si quienes van en la flotilla a Gaza son terroristas, que me apunten en la lista".

Como conté anoche, se nos hizo muy tarde salir a navegar porque teníamos que abastecer el barco de agua y gasoil. Además, los capitanes, coincidieron en que no era una buena noche para navegar porque había temporal y se decidió mantener a la flotilla al final del puerto. Algunos barcos pequeños salieron, pero apenas navegaron y volvieron al puerto al tomarse la decisión. Hoy la prensa oficial ha destacado mucho el hecho, pero esto es frecuente en navegación con barcos pequeños, la mar tiene su ritmo y nos acoplaremos a él.

Pero la noticia más importante que aparece en la prensa de hoy es la amenaza del régimen sionista de Israel, de aplicar la legislación antiterrorista a l@s activistas que naveguen en la flotilla, rumbo a Gaza. Ello supondría que, en vez de detener, para deportar después, al cabo de varios días, a las personas que llegan exigiendo el fin del bloqueo y el acceso de la población de Gaza de la ayuda humanitaria, serían encarceladas por un delito mayor, con penas de varios años de cárcel y en régimen especial de aislamiento. Esta es la respuesta de Netanyahu, al enorme éxito de la movilización de ayer en Barcelona, para despedir a la flotilla. Pero este no fue un hecho aislado, en cientos de pueblos y ciudades de Europa se hicieron actos de apoyo a la flotilla, siendo la de la ciudad de Génova, de las más destacadas, con una participación de más de 50,000 personas. La gente que va en la flotilla ha decidido dar el paso de ir a romper el bloqueo, pero representan cientos de miles, centenares de millones de personas, que no toleran el genocidio que hay en curso, por simple humanidad. Si esas personas, que defienden la vida, porque tienen ganas de vivir, que deciden aplicar lo que las NNUU han decidido, socorrer urgentemente a la población de Gaza, si esas personas son terroristas, que nos apunten en la lista. Pero todo el mundo sabe que los terroristas son los sionistas, que todos los días sin descanso continúan asesinando a niños y niñas, cometiendo genocidio y crímenes de guerra, por los que algún día tendrán que pagar.

Hemos aprovechado el día de hoy para realizar compras de víveres, y hacer algunos cambios en las tripulaciones. A mediodía, ya tarde, hicimos la primera comida colectiva en el Sirius, espaguetis con pesto, comida que supo a gloria, a todo el pasaje, unas veintiocho personas. Después sobre las siete y media de la tarde toda la flotilla, reinició la marcha, saliendo del puerto a mar abierta.

En alta mar, hicimos la primera asamblea en el barco. Nos hemos presentado una a una todas las personas, explicando brevemente nuestra trayectoria vital y nuestro compromiso con la defensa de Palestina. Representantes políticos, artistas, abogados, médicos, trabajadores manuales, con un ideal común la defensa de los Derechos Humanos y el acabar con el genocidio. Curiosamente, creo que, en el Sirius, está la persona más joven de la flotilla, un chico de dieciocho años, neozelandés, perteneciente a Greenpeace, y Magno un sindicalista brasileño de la enseñanza, de setenta y ocho años.

Después de la presentación hemos abordados los temas prácticos del desarrollo cotidiano de la navegación. Horarios de las comidas, turnos para limpiar, cocinar o hacer las guardias nocturnas, organización del dormitorio, etc. La asamblea, que se desarrollaba al aire libre, en la parte superior del barco, se ha suspendido abruptamente, porque ha empezado a llover y soplar el viento con fuerza. Algun@s compañeros han empezado con los mareos y los vómitos, por lo que mañana continuaremos con la organización.

También con la tormenta se nos ha ido el wifi, de manera que no sé, a qué hora os llegará este diario mañana. Pero ya sabéis, aquí vamos lidiando con imprevistos, pero sorteándolos, vamos adelante. La causa más urgente de la humanidad nos está esperando.

Día 6
2 de septiembre de 2025

EL HOMBRE NUEVO

Anoche tuvimos la mar bastante picada. Durante un gran rato estuvimos sin avanzar porque uno de nuestros barcos pequeños se averió y hasta que no llegó un remolque desde Barcelona no seguimos el viaje. Varios de los barcos pequeños, tres o cuatro, han tenido que volver a Barcelona con algún tipo de avería. Los barcos fueron donados o comprados por la organización, la mayoría son de segunda mano y a pesar de la revisión que se les hizo en el puerto de Barcelona, como a los coches viejos, le salen nuevas averías. No afectan a muchas personas, ya que son tripulaciones de cuatro o cinco navegantes, que podremos recuperar en la parada que hay que hacer en el puerto de Túnez donde podrán llegar en avión y reembarcarse. Allí se sumarán más barcos a la flotilla, y más adelante, también se unirán barcos de otros países como Italia o Grecia. Solo cuando nos reagrupemos a la altura de Egipto sabremos realmente cuántos barcos compondrán la Global Sumud Flotilla.

Algunas de las personas que vamos viajando ya hemos sentido los rigores de los mareos y las vomitonas, pero nos vamos recuperando con la atención y el cariño de nuestros compañeros y compañeras de viaje. Esta noche hemos estado sin wifi. También en el Sirius sufrimos una avería eléctrica que nos dejó sin luz casi toda la noche, pero esta mañana se reparó, era una cosa sin importancia y volvimos a tener wifi y poder comunicar con los demás barcos, la familia, las amistades y el gran movimiento por Palestina.

La prensa oficial sigue mencionando a Greta y Ada fundamentalmente como exponentes de la flotilla. Desde nuestra admiración hacia ellas quiero seguir hablando de la gente más desconocida del pasaje. En el Sirius, como he comentado llevamos a varias personas que son o han sido representantes políticos en España o Argentina. El hecho de que vengan en este barco, y que afronten los riesgos del proyecto de crear un corredor humanitario para Gaza a pesar del enfrentamiento que ello supone con el ejército genocida del régimen sionista, ya es prueba palpable que son políticos que defienden los mejores proyectos de la izquierda, la paz, los derechos humanos, la igualdad, por eso hay que insistir como decía Julio Anguita, en que todos los políticos no son iguales. Aquí, además de sufrir las privaciones de este tipo de barco, durmiendo en el suelo, sin duchas, con cinco infernillos para guisar para una treintena de personas, con los víveres y el agua justita, demuestran que son compañer@s excelentes. Todo el mundo limpia, todo el mundo ayuda en la cocina, todo el mundo cuida de todo el mundo ofreciendo ayuda en cada momento. Es en este tipo de acciones colectivas impregnadas de solidaridad humana, donde se va construyendo el "hombre nuevo", un concepto que utilizó Che Guevara, teorizando que una sociedad nueva necesitaba construirse con un nuevo tipo de personas, que cree en la colaboración y no en la competitividad, que cree en los derechos y la acción colectiva y no en los intereses egoístas individuales que se consiguen pisoteando al de al lado. Pero más allá de eso, el aprendizaje del trabajo de limpieza y el trabajo de cuidados que hacemos junto a nuestras compañeras, nos lleva a dar otro paso adelante y hablar ya de la persona nueva, la persona, que, aunque es mujer, es capitana de barco y la persona que, aunque es hombre, barre el suelo del comedor. Las personas nuevas, que pueden construir un mundo nuevo, donde el genocidio y los crímenes de guerra sean historias de un mundo, todavía salvaje, donde la codicia, la riqueza y la explotación de los trabajadores y de los pueblos más indefensos, eran las normas de los más poderosos.

Así hemos visto hoy también en la prensa, que el gobierno neofascista y racista de EEUU, sigue haciendo planes de expulsar a toda la población Palestina de Gaza, para hacer de ella, una costa de vacaciones, ocio y negocios. A quienes se vayan voluntariamente, le darán 5.000$ y subsidios durante cuatro años para cubrir gastos de comida y alojamiento. Quienes no quieran marcharse, serán recluidos en ciudades especiales en Gaza, donde todos sus habitantes estarán controlados electrónicamente. Para ello matan a todas las personas en Gaza, a toda su infancia, a todos sus hombres y mujeres, con bombas, (han usado el equivalente destructivo en Gaza de siete bombas atómicas del calibre de las de Hiroshima y Nagasaki), con enfermedades, con hambre, con sed. Para crear un terror insoportable que les obligue a exiliarse de su tierra. Los irreductibles serán confinados en cárceles-ciudades modernas, hasta su extinción. Pero los planes del imperialismo y del sionismo, no pasaran de los planos, porque enfrente tienen un pueblo decidido a resistir hasta la muerte, y no podrán matarlos a todos, la mayoría sobrevivirá y construirán la Palestina Libre.

Y Gaza, Palestina, no están solas. Ante las amenazas de Netanyahu de tratar a l@s activistas de la flotilla como terroristas, encarcelándolo por largos años y la confiscación de todos los barcos, el sindicato de estibadores de Génova, en Italia, ha contestado con contundencia:

"[...] Si perdemos el contacto con nuestros barcos, nuestros compañeros, aunque sea solo durante 20 minutos, bloquearemos Europa. Con el sindicato USB, con todos los trabajadores portuarios, con toda la ciudad de Génova. Entre 13.000 y 14.000 contenedores salen cada año de esta zona con destino a Israel. No dejaremos escapar ni uno solo clavo. Vamos a lanzar una huelga internacional, vamos a bloquear las calles. Lo bloquearemos todo. Nuestras hijas y nuestros hijos deben volver sin un rasguño, y todos nuestros bienes, que pertenecen al pueblo, hasta la última caja, deben llegar a donde deben llegar [...].

También me ha llegado el siguiente comunicado de España, dentro de las miles de iniciativas que se están dando por todo el estado: "Más de cincuenta docentes de Marea

Palestina: La educación contra el genocidio se han encerrado en el Círculo de Bellas Artes de Madrid, para exigir al Gobierno la aprobación del decreto ley de embargo de compraventa de armas al Estado de Israel. No es normal empezar el curso con normalidad. Convocamos al personal educativo y de la cultura a unirse a esta convocatoria".

Antes del anochecer empezamos a ver las montañas de Mallorca. Esta noche pernoctaremos en las afueras del puerto de Mahón para reagrupar a toda la flotilla y continuar mañana la navegación todos los barcos juntos.

Día 7
3 de septiembre de 2025

DRONES SOBRE LA FLOTILLA

Esta noche pasada, el Sirius, la ha pasado frente a la costa de Mahón. Seguiremos aquí durante todo el día y esta noche que viene con la intención de agrupar a barcos que habían vuelto por avería a Barcelona y a otros que están en esta zona. La salida de Túnez, que estaba prevista para el viernes 5 de septiembre, se retrasará, probablemente, al domingo 7 de septiembre con idea de partir juntas todas las embarcaciones llegadas de Barcelona, y las que se le unan desde todo el Magreb.

La nuestra es una flotilla de personas voluntarias que llevamos el corazón de la humanidad a Gaza. No somos profesionales de la marina, somos defensores de la legalidad internacional, y nuestra protesta es pacífica. Llegaremos, a tranca y barrancas, pero llegaremos a Gaza. Iremos resolviendo las dificultades que significan juntar más de cincuenta embarcaciones, que salen de distintos puntos del mediterráneo y que lleva personas a bordos de cuarenta y cuatro nacionalidades.

Hoy hemos amanecido con la mar en calma, y todas las personas que habíamos sufrido mareos nos hemos restablecido. El equipo de cocina ha preparado un guiso de lentejas que estaban para chuparse los dedos y hemos tenido una Asamblea durante un par de horas por la mañana. Seguiremos teniendo reuniones todos los días. Hay que afinar mucho sobre el qué hacer y cómo hacer, en los distintos escenarios que enfrentamos, que van, desde que quieran parar la navegación argumentados trámites burocráticos, como que la flotilla sea atacada con fuego real o que sea interceptada y secuestrada por el régimen sionista de Israel. También contemplamos la llegada a Gaza y las tareas que hay que hacer allí. Evaluar cada escenario y que cada persona de la tripulación actúe al unísono con las demás y que se sepa perfectamente la misión de cada cual. Aunque lo parezca, no es fácil y estaremos entrenando todos los días hasta el momento decisivo. Hemos comentado, que los drones que vimos anoche pasar por encima del Sirius también sobrevolaron más barcos. No hemos conseguido determinar el origen de los drones. Una de las sospechas que tenemos en que formen parte de la base naval que tiene la OTAN en Mahón y que sirve de apoyo logístico a la flota de la OTAN en el Mediterráneo.

Por la tarde hemos tenido otra más corta para resolver problemas cotidianos. Cómo ducharse con agua del mar, como usar el único WC disponible, donde lavar la ropa, etc. Las asambleas las hacemos con una traducción al inglés y otra al castellano. Hay excepciones como la de un compañero brasileño, al cual traduce una compañera gallega, desde el castellano al brasileiro-gallego.

Recibimos con alegría las noticias del boicot de la gente a la vuelta ciclista a España. Como ha reconocido el periódico El País, Palestina ha ganado la vuelta a España. A pesar de que se había pedido, desde innumerables colectivos sociales y políticos la exclusión del equipo israelí de la vuelta a España y ha sido la movilización en la calle, interrumpiendo constantemente el desarrollo de la vuelta, la que ha puesto en jaque la participación israelí en ella. Como en el desarrollo de todo el genocidio que estamos viviendo, ha sido la movilización popular la que ha ido marcando las iniciativas, frente a la pasividad o la rémora de los gobiernos. Es intolerable no tomar sanciones contra Israel. No hacerlo significa normalizar el genocidio. La ciudadanía en Israel tiene que oír muy fuerte la protesta del mundo contra el holocausto que sufre el pueblo palestino. Eso reforzará a las organizaciones israelíes minoritarias que se oponen a la guerra, pero que cada vez tienen más apoyo social para poner fin al genocidio.

También es muy valioso el apoyo que nos viene de la organización italiana Emergency. Se trata de una organización humanitaria con misiones médicas en ocho países que sufren guerras, entre ellos Palestina y que además tiene un barco en el Mediterráneo central llamado Soporte Vida, para actividades de búsqueda y rescate de náufragos inmigrantes. Desde diciembre de 2022, este navío ha rescatado a un total de 3.001 personas en el mar. El barco zarpará de Catania, formando parte de la delegación italiana.

Y mientras continúa el genocidio y el intento ridículo del régimen sionista por ocultarlo. Mientras que Netanyahu, y miembros de su gobierno han declarado que, por cada militante de Hamas, ha muerto un civil, lo que es aceptable como daños colaterales, la revista israelí +972 y el británico The Guardian, han hecho público la base de datos interna de inteligencia israelí, que indican que al menos el 83% de los palestinos muertos en Israel por los bombardeos contra Gaza eran civiles, y solo un 17% de los muertos eran de la resistencia de Hamás y la Yihad Islámica principalmente. Ello significa que, por cada miliciano caído en combate, las bombas sionistas han matado a 5 civiles, siendo una gran proporción de ellos niños, niñas y mujeres. Es el porcentaje de muertos civiles más alto en una guerra moderna, según estos medios. Pero además, el principal motivo del genocidio que, según Netanyahu, era acabar con Hamás, es un profundo fracaso, ya que los milicianos muertos han sido reemplazados por el doble de voluntarios, con los cual los efectivos guerrilleros son ahora más numerosos que el pasado 7 de octubre de 2023.

La huida hacia delante de Netanyahu, endureciendo el genocidio con la política de matar de hambre a la población de Gaza, además de continuar con sus ataques al Líbano, Siria e Irán, le lleva a un precipicio por donde se despeñará el régimen genocida de Israel.

Día 8
4 de septiembre de 2025

CON EL GENOCIDIO VIENE UN MONSTRUO, EL DEL HAMBRE, COMIÉNDOSE NUESTROS CUERPOS.

El Sirius ha estado hoy todo el día fondeado en torno a Mahón, esperando la reagrupación con más barcos. Sobre las 19:00, ya hemos partido rumbo a Túnez un grupo numeroso de embarcaciones. Hemos estado haciendo las tareas cotidianas en el barco, hoy hemos comido un delicioso arroz con salsa de cacahuetes y hemos tenido dos asambleas, una por la mañana, para hablar de la situación de reagrupación de la flotilla y otra de ejercicio práctico, de qué hacer en caso de emergencia. Un compañero de nuestro barco y otra compañera de otro barco se han bajado en Menorca y han abandonado el viaje por motivos de salud, pero seguirán apoyando y trabajando por la flotilla desde tierra.

Hemos leído en el periódico BALARM de Sicilia, de ayer 3 de septiembre, que un diputado italiano, Angelo Bonelli, co-portavoz de Europa Verde, ha anunciado una pregunta urgente en el Parlamento italiano de porqué, un avión militar procedente de Israel aterrizó en la base militar de la OTAN en Sigonella, cerca de Catania, donde está concentrados los barcos de la Global Sumud Flotilla, que se unirán con la flota conjunta que viene de Barcelona y de Túnez. El avión, un KC-130H con base en la base de Nevatim en Israel, estuvo unas 4 horas en Sigonella, volviendo después a su base Nevatim. El diputado Bonelli, considera inaceptable que las bases italianas sean utilizadas por aviones militares de un estado que está llevando a cabo una masacre contra el pueblo palestino, y quiere preguntar al gobierno "si han venido a espiar la Flotilla Global Sumud". ¿O vinieron a cargar material de guerra? En ambos casos, nos estaríamos enfrentando a una complicidad muy seria de Italia. También informa el periódico que el 6 de septiembre, la CGIL ha convocado una gran manifestación en Roma contra el genocidio en Gaza al mismo tiempo que en todas las provincias italianas.

El periódico Al Mayadeen Español, nos informa de bombardeos el día tres, en Sheikh Radwan en ciudad de Gaza y en Khan Yunis, en el sur de la Franja, que han dejado un saldo de 46 personas muertas, entre ellas, niñ@s y mujeres. Mientras, los hospitales están colapsados con cientos de heridos y muertos por inanición.

Pero queremos resaltar el testimonio de una joven palestina publicada en el medio electronicintifada.net este 4 de septiembre. Os dejo un resumen, ya de por sí, dramático.

"Tengo 19 años. He vivido siete guerras. Tenía dos años durante la primera, en 2008-09. Viví otras guerras en 2012 y 2014. Fui testigo de los asaltos de 2019, 2021 y 2022. Ha habido otros numerosos ataques militares brutales contra nuestro pueblo en Gaza en mi vida. He vivido el último, en estos casi dos años.

Todavía estoy viva, todavía respirando. Pero la vida en Gaza ha pasado del dolor a la pura supervivencia. Solía tener sueños y libros. Solía tener planes. Ahora, sólo quiero comida. Esta vez es diferente a cualquier cosa que haya venido antes. Es más largo, más duro, lleno de hambre y el silencio que acompaña a los hambrientos. Es una guerra genocida.

Todavía estoy en el norte de Gaza. Mi salud ha disminuido. Mi cara se ha vuelto delgada y pálida. La harina desapareció gradualmente, y a medida que se hizo más difícil de encontrar, sus precios aumentaron. A finales de junio, no nos quedaba harina. A principios de julio, no quedaba nada de sopa de lentejas, ni ningún tipo de comida, ni ayuda, ni esperanza. Nuestros vecinos no tenían nada tampoco. Los mercados estaban vacíos. Mis hermanos buscaron, trabajaron, esperaban y aun así regresaron sin nada. Bebieron agua salada para engañar sus estómagos para que se sintieran llenos.

El 13 de julio, tuve mi examen final de traducción en la Universidad Islámica, ahora un bombardeado y carbonizado edificio. Me había quedado despierta noche tras noche, estudiando, soñando con un futuro para construir a pesar de todo. Mi familia trató de ofrecerme cualquier cosa para comer, para darme energía y concentración. Ese día, sin embargo, cuando caminé por las calles, mis ojos sólo podían buscar comida. Tampoco tenía dinero para el transporte, así que caminé dos kilómetros hasta un espacio donde los freelances podían acceder a internet y donde me hacía cargo de mi examen.

Cuando volví a casa, el hambre golpeó más fuerte. Estaba reorganizando mis libros universitarios cuando de repente la idea de venderlos se me cruzó por la cabeza. Estos libros eran lo único que me recordaba que era una estudiante universitaria. Así que me di a mí misma una opción: quédate los libros o véndelos para alimentarme a mí y a mi familia. Vendí mis libros de la universidad y compré falafel. No hizo una comida completa, pero nos mantuvo vivos. Comíamos ese falafel con sentimientos encontrados: felicidad y dolor y algunas lágrimas.

A pesar de su hambre y agotamiento, mi padre y mi madre no comieron, salvando su parte para nosotros. Fue doloroso. Lloré cuando terminé de comer. Esa noche fue dura. Mi madre y mis hermanas no pudieron dormir porque tenían hambre. Pasaron la noche bebiendo agua. A la mañana siguiente, mi padre regresó del mercado después de tres horas. Trajo algunos frijoles de vuelta con él. Esa fue nuestra única comida ese día, el 14 de julio.

En un momento me levanté para lavarme las manos y beber agua con un poco de sal. De repente todo se puso negro. Cuando abrí los ojos, estaba en el suelo, derrumbada. Vi a mi padre sentado a mi lado. Me movió el pelo de mi cara y me dijo una y otra vez, mi hija...No es la primera vez que mi cuerpo ha empezado a rendirse. Puedo sentirlo en cómo tiemblo.

Desde ese día hasta ahora, apenas ha habido comida en nuestra casa. La situación mejoró en agosto cuando el arroz volvió al mercado y las legumbres también. Los precios siguen siendo altos, y en cualquier día dado, todavía no sabemos si vamos a comer el siguiente. Nuestra supervivencia está ligada a noticias de ayuda que vienen. Esas noticias podrían darnos vida o llevárnosla.

Nunca había sentido este tipo de hambre antes. Nunca imaginé que vendería los libros con los que estudié tan duro, con los que sostenía mis sueños, para comer. Lo que sé es que con el genocidio viene un monstruo, el de hambre, comiéndose nuestros cuerpos".

Eman Murtaja es estudiante de periodismo en Gaza.

Día 9
5 de septiembre de 2025

ROGER WATERS

Desde que salimos ayer de Menorca no hemos parado de navegar. Al amanecer contemplamos el bello espectáculo de navegar mirando la clara línea del horizonte, con el cielo y el mar azul, en dirección al este, virando algo hacia el sur. El Sirius va en la banda derecha, en medio, dispersos, al menos nueve pequeños veleros, y en la parte izquierda de la formación, otros dos barcos grandes similares al Sirius. Hasta mediodía avanza la flota junta, aunque cambiando las posiciones. Ya por la tarde, hemos perdido contacto visual, con el resto de la flota, aunque l@s capitan@s de todos los barcos mantienen contacto permanentemente. Ya por la noche, restablecemos el contacto visual al ir los barcos iluminados. La parte de la flotilla que quedó en Barcelona, prácticamente ya con todas las averías reparadas, no bajarán a Túnez y se reencontraran con la flotilla en Italia, donde se sumaran los barcos italianos que esperan en los puertos de Catania y Siracusa.

En la mañana hemos hecho Asamblea, para estar al tanto de la situación de la flotilla y lo que le concierne. Se ha hablado de las importantes movilizaciones que se desarrollarán mañana en Francia y en Italia, convocadas por las grandes centrales sindicales de esos países. Movilizaciones contra el genocidio y en apoyo a la Flotilla. Es España aún esperamos que las grandes centrales sindicales de clase se movilicen al menos convocando manifestaciones al unísono en todo el estado.

Antes de la comida, he disfrutado un rato de la mar en proa. Se queda uno como embrujado entre el vaivén del barco, el fragor de las olas, el viento que te acaricia con gotas de agua y te sientes parte de la naturaleza. De comida, hoy hemos disfrutado de un excelente guiso de guisantes, con cebolla, ajos y salsa de tomate. Al avanzar en nuestro viaje, ya hemos cambiado de uso horario de manera que ahora tenemos, una hora menos que en la península, o sea vamos con la hora de Canarias.

Por la tarde otra asamblea para temas técnicos muy importantes. La prevención de incendios a bordo, el protocolo ante la caída de algún navegante al agua, o ante la imperiosa necesidad de abandonar el barco. Antes de que empezara la asamblea, me ha llegado la noticia de que el compañero Serigne, nuestro gran jefe de cocina ha conseguido pescar un hermoso atún, rememorando su experiencia de pescador en Senegal. La comida de mañana promete.

Mientras hacemos millas, el genocidio continúa, el Ministerio de Salud de Gaza informa de que al menos 69 palestinos han muerto y 422 han resultado heridos en las últimas 24 horas. Seis palestinos murieron y 190 resultaron heridos mientras buscaban ayuda. También, en las últimas 24 horas se registraron tres muertes más debido al hambre y la desnutrición, con lo que el total desde el inicio de la guerra asciende a 376, entre ellos 134 niños.

Hace dos días, el 3 de septiembre, el arzobispo de Palermo, Corrado Lorefice, declaró: "La extrema derecha de la política israelí, que de ninguna manera representa a la totalidad de los ciudadanos de Israel, ha convertido la reacción al ataque (de Hamás) en un proyecto declarado de genocidio y deportación de la población palestina... y siento el deber de decir no a todo esto, y de poner señales alternativas de esperanza desesperada. La Flotilla Global Sumud es uno de esos signos. De hecho, estoy convencido de que la única manera humana y evangélica de contrarrestar la guerra de manera no violenta es la interposición, es decir, el despliegue de cuerpos indefensos en el frente de los beligerantes, cuerpos vivos y desarmados que colocan su presencia como el principio y el pensamiento de un mundo nuevo... Junto con los que despegarán, digamos "no" a la guerra y al genocidio, digamos "sí" a la vida y a la paz para todos, y en primer lugar para el pueblo de Palestina, sometido a sufrimientos atroz y totalmente injustificados... Permítanme concluir diciendo que el gesto de la Flotilla Sumud es también un signo de amistad hacia todos los hermanos y hermanas judíos. Contra el suicidio de Israel buscado por su gobierno, en contra de su voluntad de hacer del futuro de Israel un desierto de odio y violencia, porque de esto se trata".

En la red X hemos visto también el apoyo del Presidente de Colombia, Gustavo Petro, a la acción de la flotilla, así como que en Túnez, el diputado del Parlamento de Sudáfrica, Ndaba Mandela, nieto de Nelson Mandela, se unirá en Túnez, con otros once representantes de Sudáfrica, a la Global Sumud Flotilla.

El músico Roger Waters, que fuera líder de la mítica banda de Rock, Pink Floyd, y que se ha caracterizado como un activista defensor de la causa palestina ha compuesto una poética canción sobre el genocidio y la Global Sumud Flotilla. Esta podéis oírla y ver su letra en inglés en el Youtube*. La canción es una balada donde habla del significado de la palabra árabe Sumud, habla de cómo la unidad y la armonía de la humanidad puede acabar con el genocidio, y que este está provocado por las grandes corporaciones mundiales del capital en sus ansias de rapiña. Habla de mujeres brutalmente asesinadas en su lucha social por poderes opresivos, y de que el espíritu de lucha y de sacrificio de esas hermanas nuestras no nos ha abandonado. La gente corriente unida, de todas las naciones, con alegría y armonía cambiaran el rumbo de este barco, el mundo.

*Canción que lleva por título Sumud y está disponible en el canal del artista con el siguiente enlace https://youtube.com/watch?v=K6dcS6SOYZc&feature=shared.

Día 10
6 de septiembre de 2025

PAIÑO Y PARDELA

Anoche y hoy durante todo el día, la mar, ha estado más bien movida. Por la noche cuesta trabajo dormir y de día debemos tener mucho cuidado con todo, porque el movimiento tira las cosas. Las mesas deben estar atadas, los hornillos, las cajas donde guardamos comida o utensilios de cocina, aguantar la cafetera con la mano, porque más de una ha volado hasta el suelo, con el riesgo de quemaduras. Es difícil mantener el equilibrio en el barco. Aunque como la mayoría de la gente que viaja en el Sirius es joven, se lo toman a broma y juegan y bailan con los bamboleos del barco.

Después del desayuno hemos tenido la asamblea de mañana, donde analizamos la situación de la flotilla en su despliegue y se comentan noticias en torno a las movilizaciones que se dan en tierra y las posiciones y declaraciones políticas de los distintos agentes políticos. Hemos dedicado también un buen rato a discutir cómo podríamos hacer un video colectivo de todas las personas que navegamos en el Sirius. Es probable que esta noche lleguemos a Túnez, y mañana domingo podremos pasar varias horas en la ciudad, que usaremos en reponer víveres y en compras personales de cosas que necesitamos. Os paso, aunque está circulando ya por redes, la ubicación real de la flotilla en su desplazamiento por el mar. Podéis pinchar al lado del nombre del barco que queráis saber, en la lista que se despliega y os marcará en plano su actual situación. El enlace es el siguiente: https://globalsumudflotilla.org/tracker/

Durante la asamblea, como me distraigo cuando empiezan a hablar en inglés, mirando al mar, vi volando en paralelo al barco, un pajarito de tamaño similar a un gorrión. Me quedé sorprendidísimo, no tenía idea que esos pajaritos pudieran existir en alta mar. Lo vi bajar a ras de agua y volver a subir, darle la vuelta al barco y volar un rato junto al Sirius. Luego desapareció y me olvidé de él pensando en que solo yo lo había visto. Después de la Asamblea de la tarde, le pregunté a Juan Bordera, pensando en que él por su militancia medioambientalista, podría saber algo, que, si los pajaritos pequeños podían vivir en alta mar, que yo por la mañana había visto un pajarito. Entonces, Ezequiel, uno de los compañeros argentinos me dijo que él también había visto uno, y que además el pájaro se había posado en su mano y se había hecho un selfi con él. Me enseñó la foto, y si no es porque yo también había visto otro pájaro, hubiera pensado que era un montaje. Que el pájaro se posara en la mano de Ezequiel y se haya hecho una foto con él me parece tan extraordinario, que, sin ser supersticioso, me parece un buen augurio. Luego he investigado que hay dos especies de pájaros que viven en alta mar en el Mediterráneo, el paíño y la pardela. El primero no es más grande que un gorrión y el segundo mide algunos centímetros más. Se alimentan de peces pequeños, zooplancton, crustáceos, calamares, medusas y carroña de pescado, y solamente buscan zonas terrestres aisladas, atolones, islotes, etc. Para anidar. Creo por la foto, que el que se posó en la mano de Ezequiel era una pardela. Curiosamente en 1901 el escritor ruso Máximo Gorki escribió el poema "La canción del paíño" El poema fue calificado como «el himno de batalla de la revolución» y por él Gorky se ganó el sobrenombre de "el paíño de la revolución".

La asamblea de la tarde, la hemos dedicado a cuestiones de prevención en el barco. Hemos seguido con el sistema contra incendios, que no acabamos ayer, las situaciones de caída al agua y el sistema de abandono del barco, con lanchas salvavidas que llevamos a bordo.

No muy lejos de la flotilla, en el festival de cine de Venecia, el genocidio en Gaza ha formado parte de la entrega de premios. Sin ser exhaustivo podemos ver algunos ejemplos:

Benedetta Porcaroli premio a la mejor actriz, dedica el premio a los amigos de la Flotilla. "Me gustaría dedicar este premio con todo mi amor, mi estima, mi gratitud a los amigos de la Flotilla."

Premio mejor actor, para Toni Servillo. "Toda mi admiración para quienes se han echado a la mar para alcanzar Palestina, para llevar una señal de humanidad en una tierra donde la dignidad humana se vilipendia a diario y de forma cruel", agregó, en alusión a la flotilla civil que navega hacia Gaza.

Ben Hania, gran premio del jurado: "Dedico esto a Medialuna Roja y quienes lo han arriesgado todo por salvar vidas en Gaza", y hablando de la protagonista, una niña asesinada en Gaza: "El cine no puede traerla de vuelta. Pero sí preservar su voz, hacerla resonar entre fronteras. No es solo su historia, sino la de una población que sufre el genocidio del régimen criminal de Israel. Esto no va solo de memoria, sino de urgencia", agregó. Hoy mismo continúa la destrucción de Ciudad de Gaza, para vaciarla de sus últimos habitantes.

Podemos acabar el diario de hoy con el informe de Save the Children sobre las víctimas infantiles en Gaza.

El informe, indica que aproximadamente el dos por ciento de la población infantil falleció desde octubre de 2023. Del total de 20 mil menores asesinados, al menos mil nueve eran bebés menores de un año, y cerca de la mitad de ellos (405) nacieron y murieron durante la guerra. Al menos 42011 niños resultaron heridos, mientras que el Comité de las Naciones Unidas sobre los Derechos de las Personas con Discapacidad estimó que 21 mil menores quedaron con discapacidades permanentes.

Más de un millón de personas, casi la mitad de ellas menores, enfrentan hambruna, que constituye el peor escenario posible en la Fase 5 de la Clasificación Integrada de

Fases de la Seguridad Alimentaria. Al menos 132 mil niños menores de cinco años corren riesgo de morir por desnutrición aguda.

La enorme y maravillosa movilización de millones de colectivos en todo el mundo, tiene que mantenerse y aumentarse, en la movilización cívica y popular recae la esperanza del fin del genocidio.

Día 11
7 de septiembre de 2025

TÚNEZ

Hemos pasado muy buena noche, tranquila, sin gran oleaje, y el día parece que continua así. Frente a nosotros está la costa de Túnez, su parte norte, que luego se acaba y penetra hacia el sur, hacia la ciudad de Túnez, a ella llegaremos probablemente sobre las ocho o nueve horas de la tarde. Anoche al irme a dormir sobre las doce de la noche, divisé, perfectamente con la luna casi llena, el pequeño archipiélago tunecino de las islas de la Galita. La mayor de ella, de igual nombre, mide 5,4 km de largo y 2,9km de ancho. Allí viven algunas familias de pescadores, y allí es donde Francia tuvo preso a Habib Burguiba entre 1952 y 1954. Él, lideraba el movimiento independentista, que culminó el 20 de marzo de 1956, con la independencia de Túnez, siendo Burguiba, el primer presidente. En esa fecha se celebra el día nacional de Túnez.

Hoy he hecho mi primera colada de ropa. Como cuando se lavan los platos, hay que subir agua del mar, con un cubo que tenemos amarrado con una cuerda. Llenamos un barreño, de esos negros de goma, para el lavado, y otro barreño para el aclarado. No es fácil, pesa el cubo de agua al sacarlo del mar y cuando hay marea, más difícil. Me acuerdo de mi madre, viviendo en una corrala en Málaga, donde no había agua corriente, y tenía que disputar con las demás mujeres el único grifo de agua en el patio y lavar toda la ropa de la familia en el lebrillo de barro.

Celebramos la asamblea de la mañana, donde se anuncian novedades. La primera es que la flotilla, en principio, estará en

Túnez, hasta el miércoles por la mañana, cuando zarparemos toda la flota unificada hacia Gaza. Ya no habrá más paradas hasta Gaza y será en altamar donde se unirá la delegación italiana y las naves de otros países del mediterráneo. Se trata de aprovechar lunes y martes, para esperar nuestros barcos que se retrasaron y que ya han salido de Baleares hacia acá. También de poner a punto las naves, con nueva revisión técnica y de completar el avituallamiento.

Por otra parte, se informa del tiempo previsto en la semana. Desafortunadamente, se esperan tormentas fuertes, que caerán en Baleares entre lunes y martes, pero que el miércoles alcanzarán esta zona. Valorando siempre la seguridad del conjunto de personas que navegamos, si el miércoles y jueves, estuviera muy difícil la mar, cabe la posibilidad que tampoco saliéramos a navegar. Tenemos el lujo y la suerte de contar con un apoyo extraordinario desde fuera. Se trata de Antonio Turiel, investigador científico en el Instituto de Ciencias del Mar, del CSIC (Consejo Superior de Investigaciones Científicas). Él, estará monitorizando la situación meteorológica, en cuanto a vientos, mareas y tempestades en esta zona del Mediterráneo, y nos enviará las oportunas alertas a través del compañero Juan Bordera, con quien se mantiene en contacto. Antonio Turiel, desde mi punto de vista, es el mejor conocedor y comunicador del deterioro medioambiental que se está produciendo de manera acelerada en el mundo y además señala con valentía, que el motor del deterioro, proviene del propio sistema capitalista que magnifica el beneficio, ante que la consideración de la preservación de la especie humana.

Otra información que nos llega, es que también se une a la Global Sumud Flotilla, el barco libio, Omar al-Mukhtar. Este es el nombre de un héroe nacional libio, en su lucha por la independencia contra Italia, que murió ejecutado a la edad de 73 años. El personaje fue llevado al cine en la película "El león del desierto", como se apodaba a Omar, e interpretado por Anthony Quinn. La periodista y activista británica Yvonne Ridley, se embarcará en el Omar al-Mukhtar.

Sobre las ocho de la tarde (horario de Túnez) ya estábamos al pairo, frente al pequeño puerto de Sidi Bousaid. Una lancha, nos recogería en el barco y nos llevaría al puerto, a las personas que componemos el pasaje. La tripulación, más la persona responsable de la flotilla en el Sirius, siguen navegando hasta otro puerto de más calado.

Una vez desembarcadas, diecinueve personas del pasaje, pasamos el control de pasaportes en la oficina de policía de frontera que hay en el puerto. Pasado el trámite, salimos a un paseo que bordea el puerto, donde hay restaurantes y mucha afluencia de público. La gente viene a saludarnos y hacerse fotos con nosotr@s y la bandera palestina, nos dan las gracias, nos dan la mano, gritan Free Palestine, y se emocionan con nosotr@s. Alguien trae agua y pastelitos, y seguimos haciéndonos fotos con la gente, mientras esperamos el autobús que nos llevará al hotel, donde esperaremos la salida de la flotilla, prevista para el miércoles 10 de septiembre.

Antes que llegara el Sirius, y desembarcáramos en el puerto, cuando aún todavía era de día, se hizo la recepción oficial de la mayoría de los barcos de la flotilla, con la afluencia de gran número de personas que han acudido con las banderas palestinas a recibir la flotilla.

Mientras, la última información del Ministerio de Salud de Gaza informa que, durante las últimas 24 horas, los hospitales recibieron 409 personas heridas y 87 personas asesinadas. Sigue el genocidio, día tras día. Y los pueblos siguen manifestando su repudio y su protesta. Hoy unas 100.000 personas se han manifestado en Bruselas contra el genocidio.

Quiero aclarar, que el nombre Sirius de nuestro barco, proviene del latín y se refiere a la estrella que más brilla en el firmamento por la noche.

Día 12
8 de septiembre de 2025

MARY ANN WRIGHT

Esta noche pasada ha sido la primera que hemos dormido en tierra, después de siete días durmiendo en el Sirius. Prácticamente hemos tenido el día libre el conjunto de activistas, aunque las tripulaciones de los barcos siguen en su puesto y trabajando incesantemente en su puesta a punto. Hablando con compañer@s de otros barcos, sobre todo, de los pequeños, nos hemos dado cuenta de la suerte que tenemos de ir en un barco como el Sirius. En los barcos pequeños, además de que apenas hay espacio para moverse, el bamboleo es muchísimo más fuerte, lo que dificulta mucho más dormir, comer, se sufren muchos más mareos y por supuesto te impide leer o escribir. En un barco así, difícilmente hubiera podido escribir el diario que os envío.

Y aunque estamos en tierra, nos siguen llegando noticias de los barcos que tardaron más en repararse y que ayer salieron de Menorca. Desde uno de ellos, el Adara, han grabado un dron, mientras este los estaba espiando. El video, difundido desde el Adara, lo he colgado en mi página de Facebook, y se puede ver en el enlace https://www.facebook.com/share/v/1CJdtwTqrQ/; Hay que recordar, como contamos en el día nº7, que hay una base naval de la OTAN en Mahón y que sirve de apoyo logístico a la flota de la OTAN en el Mediterráneo.

A lo largo de la mañana recibimos la noticia satisfactoria, de que en España, el gobierno del presidente Pedro Sánchez ha anunciado por fin, sanciones a Israel por el genocidio en Palestina, con nueve propuestas concretas. Esto es un paso importante, fruto de la movilización popular, aunque insuficiente. Y, además, alguna de esas medidas tiene su talón de Aquiles. Cuando se habla de prohibición de apoyo militar a Israel a través del espacio aéreo y de puertos en España ¿también se va a prohibir a través de los puertos y bases militares de EEUU en España? Pues parece que no, la Cadena SER ha afirmado, que EEUU podrá usar las bases Rota y Morón para enviar armamento a Israel pese al veto anunciado por Sánchez. Y ello porque el tratado firmado entre España y EEUU, así se lo permite a estos últimos. Se pone de manifiesto otra vez, la falta de soberanía española y la sumisión a EEUU, herencia de la pesada losa del franquismo.

Otras dos noticias que nos ha sacudido esta mañana han sido, en primer lugar, una declaración de la Comisión europea sobre la Global Sumud Flotilla. Según elDiario.es, un portavoz de la Comisión ha afirmado que "no respaldan flotillas como esta, porque básicamente pueden agravar la situación" y "ponen en peligro a sus participantes". No nos extraña para nada, el posicionamiento de esa estructura de la UE, dirigida por Úrsula von der Leyen, que se ha caracterizado por su apoyo al genocidio y su íntima relación con Netanyahu, aunque también se la conoce por su posición de sumisión a Trump y su claudicación en la defensa de los intereses económicos de la ciudadanía europea. La segunda noticia, ha sido el ataque armado, protagonizado por dos jóvenes palestinos de veinte años, a un autobús, en el cruce de Ramot, en la Jerusalén ocupada, con el saldo de al menos siete colonos israelíes muertos y más de 14 heridos, seis de ellos en estado crítico. Los dos atacantes palestinos fueron abatidos muertos también por disparos de la policía israelí. El asentamiento de Ramot, donde ocurrió el tiroteo, está situado al noroeste de Jerusalén y fue construido sobre terrenos de aldeas palestinas destruidas y ocupadas por colonos como Beit Iksa, Shuafat y Beit Hanina. El asentamiento o colonia, es un nudo clave de comunicaciones y está habitado mayoritariamente por judíos ultraortodoxos. Los disparos fueron realizados con un fusil Carlo, un arma artesanal, que construyen los palestinos de manera casera.

Durante todo el día hemos recibido muestras de apoyo de la gente en las calles de Túnez, los agradecimientos a la flotilla y su apoyo a la causa palestina está presente permanentemente. Pero ha sido comiendo, un grupo de activistas en un restaurante popular cuando nos hemos llevado una mayor sorpresa. Una mujer de unos cincuenta y algo años, acompañada de otras se acercó a la mesa y quiso regalarle a Samuel, nuestro activista de Nueva Zelanda de dieciocho años, una banda característica de palestina y hacer una foto con el chico. Explicó que era palestina, que había estado presa en cárceles del régimen sionista y que ahora mismo tenía preso a un hijo de dieciocho años, y que Samuel le había recordado a su hijo. Después de hablar la mujer, todas las personas que había en el comedor le brindaron un fuerte aplauso.

A las siete de la tarde teníamos una cita para asistir a una rueda de prensa sobre la flotilla en la sede de la UGTT, la Unión General de Trabajadores de Túnez. En la rueda de prensa han intervenido como invitada especial, Francesca Albanese, relatora especial de Naciones Unidas para Palestina, que se está caracterizando por su valentía en la denuncia del genocidio en Gaza y su enfrentamiento con Trump y Netanyahu, pidiendo constantemente medidas de presión contra el régimen sionista. En la rueda de prensa también ha intervenido Mandla Mandela, el nieto de Mandela y diputado del Congreso de la Unión Sudafricana, que también se embarcará en la flotilla con una delegación de su país. El encuentro de Albanesa y Mandela, ha levantado mucha expectación entre la numerosa prensa asistente al acto.

Pero a mí, me ha emocionado fundamentalmente saludar entre el público a Mary Ann Wright, excoronel del Ejército de los Estados Unidos, que dimitió en marzo de 2003, un día antes de que empezara la guerra de agresión hacia Irak. Protestaba contra la guerra de Irak, pero también por la política de EEUU hacia Palestina. Desde entonces ha sido una activista incansable por la paz, el desarmen y la igualdad social. Se embarcó encabezando delegaciones estadounidenses, en la flotilla de 2010, en la de 2011, en la de 2015, en el barco de mujeres Rumbo a Gaza en 2016 en la flotilla de 2024 y aquí está en Túnez dispuesta a embarcarse, con setenta y ocho años, con su delegación estadounidense en la flotilla más grande que haya habido hasta el momento. Cuando las personas se enfrentan con la realidad de injusticias sangrantes reaccionan, y reacciones como la de Mary, terminarán acabando con el poder criminal que aplasta a los pueblos.

NOTA INFORMATIVA URGENTE.

MADRUGADA DEL DÍA 8 AL 9 DE SEPTIEMBRE

Aviso urgente: "La Global Sumud Flotilla (GSF) confirma que uno de los barcos principales, conocido como el Barco "Familia", que transportaba a miembros del Comité Directivo de GSF, fue golpeado por lo que se sospecha que es un dron. El barco estaba bajo la bandera portuguesa y todos los pasajeros y la tripulación están a salvo. Actualmente se está llevando a cabo una investigación y cuando haya más información disponible, se publicará de inmediato. Los actos de agresión destinados a intimidar y descarrilar nuestra misión no nos disuadirán. Nuestra misión pacífica de romper el asedio de Gaza y ser solidaria con su pueblo continúa con determinación. A la 1:30 madrugada de Túnez, se está apagando el fuego en el barco. El video grabado por nuestr@s compañer@s de guardia en los barcos, y que ha sido reproducido en el diario publico.es, (https://www.publico.es/internacional/africa/embarcacion-flotilla-sumud-rumbo-gaza-denuncia-ataque-puerto-tunez.html) demuestra, perfectamente en la imagen, que ha sido un ataque con dron. Las autoridades tunecinas, dicen que ha sido un accidente porque no pueden reconocer que se les ha colado sin que la guardia costera se enterara. Esto demuestra que la acción que estamos llevando es seria y preocupa mucho al gobierno sionista. El Family lo vamos a reparar para que siga navegando y muchos barcos más se unirán a la flotilla. ¡¡No nos van a amedrentar!!

Madrugada del 8 al 9 de septiembre de 2025

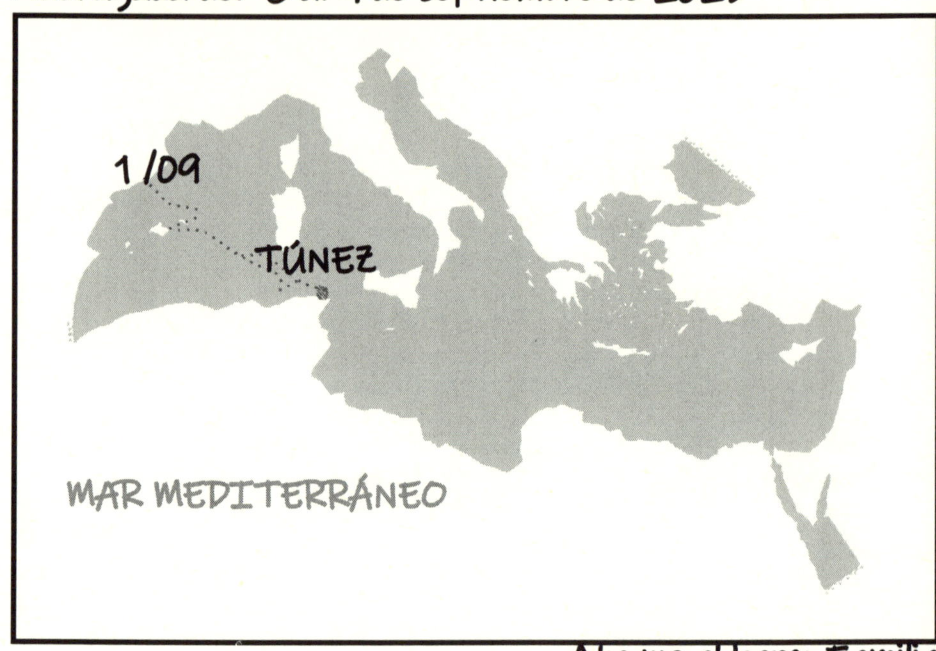

Ataque al barco Familia

Día 13
9 de septiembre de 2025

SEGUNDO ATAQUE DE ISRAEL A LA FLOTILLA, MADRUGADA DEL 9 AL 10

Acabando de escribir el diario del día 8, nos llega la información de un nuevo ataque similar al de anoche. Esta vez contra el barco Alma. No ha habido ninguna desgracia personal y ahora se evaluará el estado del barco. El diario que viene a continuación cobra mucha más fuerza en sus argumentos. Mañna os daremos más detalles del nuevo ataque.

PRIMER ATAQUE DE ISRAEL A LA FLOTILLA, MADRUGADA DEL 8 AL 9

Esta noche pasada hemos dormido poco, desde que conocimos el atentado con dron al barco Family, hemos estado pendiente de los acontecimientos y de las noticias generadas en torno al ataque. Nos hemos acostado muy tarde y nos hemos levantado temprano, ya que a las diez de la mañana había convocada una rueda de prensa a la que se invitaba a participar a tod@s l@s activistas.

Algunas personas de la flotilla se acercaron en taxis a la zona del puerto de Sidi Bousaid, para interesarse por la situación del barco y allí se encontraron con cientos de tunecinos que también se habían desplazado al puerto para preocuparse por los miembros de la flotilla y mostrar su solidaridad. Nos acostamos pasadas las tres de la mañana.

Los hechos son muy claros. Aunque la mayoría de l@s pasajer@s del barco, durmieron domingo y lunes en tierra, las tripulaciones han seguido embarcadas y trabajando en la puesta a punto de los barcos. todos los barcos tienen un sistema de turnos de vigilancia permanente las veinticuatro horas del día, tanto en tierra como en alta mar, y además tanto el Family como varios barcos más, estaban al pairo, fuera del puerto, ya que este es muy pequeño, de manera que las guardias de cada barco tenían contacto visual unas con otras. A las doce y media de la madrugada del martes, cuando se produce el ataque, en cubierta del barco Family hay dos personas, el vigilante que está de turno, y otro compañero, que aprovecha ese momento temprano aún de la noche, para llamar por teléfono a su familia. En un momento determinado ambos escuchan el ronroneo del dron y lo ven muy poco elevado por encima del barco, durante unos momentos el dron está dando vueltas como haciendo una inspección del barco e inmediatamente se va hacia proa y dispara un objeto incendiario y se marcha. No solamente nuestros dos compañeros son testigos de esto, sino que, desde otro barco, se graba un video que recoge el momento en el que el dron suelta su carga incendiaria sobre el Family. Este vídeo lo ha reproducido el diario Público.es; El País, y elDiario.es, ha reproducido otro video, desde la perspectiva del compañero que estaba hablando por teléfono y huye hacia atrás cuando ve que el dron suelta su carga. Tenemos pues, testigos del ataque de un dron, y tenemos, además, las dos grabaciones. Se podría discutir si acaso, quien ha enviado el dron, ya que eso no lo podemos probar, (¿pero alguien puede dudar de la autoría de Israel?) pero lo que no se puede discutir con las pruebas en la mano, es la existencia del ataque.

Pero el gobierno de Túnez, si rechaza este relato del ataque, aunque, en el momento de los hechos, allí no había ningún observador de la policía o la guardia costera. Y Cuando llegan, con el incendio prácticamente extinguido, lo que hacen es sacar a toda la tripulación, fuera del barco y se dedican a retirar objetos quemados, que depositan en otro barco ¡o tiran al mar indistintamente! Al rato, sin tiempo para hacer ningún análisis de los objetos quemados, mientras toda la flotilla informaba al mundo del ataque, el gobierno de Túnez desmentía la posibilidad de un ataque y señalaba que la causa del incendio se debía a alguna colilla mal apagada o a algún encendedor. No compartimos, pero podemos entender la posición del gobierno de Túnez. Reconocer el ataque supone en primer lugar reconocer la ineptitud de la guardia costera para detectar un ataque de ese tipo, y lo que es peor significa tener que pedir explicaciones a Israel de un ataque a la soberanía de su país. Mucho más sencillo, echarle la culpa de todo al chico que estaba en cubierta fumando.

Lo que no entendemos es la posición del ministro del Gobierno de Exterior de España, que, da por buena la explicación del gobierno de Túnez, aunque ante la denuncia de la flotilla, se compromete a investigar. ¿Pero quién va a investigar?

El ataque, con un Dron israelí, sin ninguna duda, es un aviso del régimen sionista, primero para avisar de que pueden hacer cualquier cosa cuando quieran y segundo para amedrentar al pasaje de la flotilla y su base de apoyo. Lo primero ya lo sabíamos, aunque no está mal que nos lo recuerden, y en lo segundo han errado el tiro. La flotilla se crece ante las amenazas porque lo que nos lleva a Gaza es un compromiso con la humanidad, contra la muerte y el genocidio. Después de la primera inspección y evaluación de los daños en el Family, creemos que puede seguir navegando, después de una circunstancial reparación. Mañana, miércoles 10 de marzo, volvemos a los barcos y casi con toda seguridad, el jueves 11, estaremos saliendo de la Bahía de Túnez, más de cincuenta barcos, después de la incorporación de delegaciones de todo el Magreb, África y Estados Unidos.

Mientras, las clases populares en las distintas comunidades de España siguen dando ejemplo de dignidad y solidaridad, luchando por la expulsión del equipo ciclista patrocinado por Sylvan Adams, judío sionista, multimillonario, amigo de Netanyahu, presidente de la organización sionista denominada Consejo Mundial Judío, y defensor del holocausto palestino. Hoy ha sido en Pontevedra, donde a pesar de la represión de la policía, miles de personas han conseguido que la etapa no pudiera terminar, colocando la organización una nueva meta, 8 km antes de la meta prevista. Esa lucha popular es la que nos da alas y llena de aire nuestras velas, para seguir navegando hasta Gaza.

Día 14
10 de septiembre de 2025

SIDI BOUSAID

El nuevo ataque con dron anoche, en este caso a la nave Alma, ha acallado las voces sobre lo de que el primer ataque había sido un descuido de un cigarro. Las evidencias son ya irrefutables. La operación fue similar a la primera, y se utilizó el mismo tipo de material incendiario. Sin embargo, la repetición del ataque no le no ha salido igual que el primero. El nuevo ataque ya no nos ha pillado por sorpresa, y en cuanto cayó el artefacto incendiario, lanzado por el dron, el vigilante del Alma, ya lo estaba apagando con un extintor, por lo que a diferencia de ayer el fuego se ha extinguido enseguida y hemos podido recuperar la carcasa del aparato, antes de que ardiera por completo. Del análisis de ella, saldrán algunas evidencias.

Por lo demás quedan los crudos interrogantes que planteábamos ayer. Primero, se han sucedidos dos ataques sucesivos con bombas incendiarias, a dos barcos, que, con mandato de NNUU y con carácter humanitario, se dirigen hacia Gaza a entregar ayuda urgente a una población que se muere de hambre por el cerco a la que la somete el régimen sionista de Israel. Segundo, no solo se está poniendo en peligro la vida de las personas que están ejerciendo esa ayuda humanitaria, sino que además se pisotea la soberanía de un país, en este caso Túnez, que está brindando su hospitalidad a la Global

Sumud Flotilla, vulneración que además de pisotear el derecho internacional se convierte para el país agredido en casus belli, o sea motivo de guerra. Este abuso de matón mafioso solo es posible desde la prepotencia militar del régimen sionista, que no sería posible sin el respaldo del imperialismo de Estados Unidos.

En el video que hemos enviado a la prensa, y que ha sido reproducido en diarios como Público, elDiario.es o el País, se puede observar perfectamente, igual que ayer como es lanzado el artefacto incendiario contra el barco. Con el inmenso sacrificio y genocidio que está sufriendo el pueblo palestino, desde luego no nos van a asustar con petardos. Tendrán que hundirnos las naves si pretenden impedir que lleguemos a Gaza.

Lo más difícil para nosotr@s es gestionar el enorme número de barcos y de personas que van a salir de Túnez. Ayer tuvimos una Asamblea donde habían más de quinientas personas y el número de barcos será bastante más del doble de los que salieron de Barcelona. Todo se hace muy lento y es desesperante para las activistas que lo que quieren es navegar y llegar a Gaza, pero para ir unida una sola flotilla no queda más remedio que invertir mucho tiempo en resolver problemas organizativos.

El día de hoy, básicamente se nos ha ido en desplazar desde Túnez a Sidi Busaid, a toda la gente, para embarcarlas en su puerto e intentar salir hacia Bizerta, ciudad con puerto importante, que está a la entrada del golfo de Túnez, a más de 7 horas de navegación de Sidi Busaid y que nos permitiría mañana salir ya hacia el centro del Mediterráneo, donde confluiremos en primer lugar con la flotilla italiana, que nos espera en los puertos de Catania y Siracusa.

Al final no ha sido posible salir a navegar. La noche se nos ha echado encima, ha empezado a llover y la mar tiene suficiente agitación como para que no sea recomendable navegar esta noche. Solo l@s navegantes del Sirius, que tienen ya su nave anclada en Bizerta, viajarán en autobús hacia allá, y esperarán a la flotilla en ese puerto, que no llegará antes de mediodía. La salida a mar abierto se podrá hacer mañana 11 o probablemente no se efectúe la salida hasta el viernes 12.

Es un precioso pueblo, que recuerda a los pueblos colgados en los montes de la Axarquía malagueña, que miran el Mediterráneo. Ocupa la cima de un monte elevado sobre la costa, con un pequeño puerto debajo de la ciudad, y que sirvió como sitio estratégico a cartagineses, romanos y árabes. Lleva el nombre de un santo que enseñó el sufismo, una práctica religiosa del islam que se caracteriza por un enfoque en la purificación, la espiritualidad y ascetismo, una corriente no bien vista por sectores salafista (islamistas fanáticos ultraconservadores) que pegaron fuego al edificio religioso de los sufistas en 2013.

Sidi Bousaid ha sido esta tarde un sitio de peregrinación. Las carreteras de acceso se han colapsado, y la gente ha aparcado los coches varios km antes de llegar al puerto. Allí miles de personas, en un ambiente festivo, han estado esperando la salida de la flotilla, que finalmente no se ha producido. Cientos de personas portaban banderas palestinas, entre las cuales hemos podido ver una grande, cubana, con el rostro de Che Guevara. El ambiente y la afluencia masiva nos han hecho recordar la despedida de la flotilla en Barcelona, aunque en este caso no se haya podido culminar.

La barbarie del régimen sionista se hizo notar ayer, donde no solo continuó, con el metódico genocidio, sumando más víctimas fruto de los bombardeos y del hambre, sino que decidió atacar Doha, la capital de Qatar, donde una delegación de Hamás, estaba invitada por EEUU, con la intención de concluir un acuerdo de alto el fuego. Israel, como parte interesada en la negociación, y que estaba al tanto de la presencia de la delegación, decidió, bombardear el edificio donde suponía que estaba reunida la parte de la delegación negociadora de Hamás. El bombardeo acabó con la muerte de 4 representantes de Hamás, aunque esta organización ha aclarado que ellos formaban parte de la delegación, pero no eran los negociadores, sino que formaban parte del equipo de asesores. Ante la condena mundial generalizada de ese crimen traicionero, Netanyahu ha sacado pecho, asumiendo la responsabilidad de la decisión y ha amenazado con atacar a cualquier país que de cobijo a los terroristas. Esto demuestra que solo se podrá parar al genocida Netanyahu, cuando los países cómplices de la OTAN, empezando por EEUU, cesen en su apoyo al régimen genocida, y decidan emprender sanciones de verdad contra el ese estado delincuente. No hay tiempo que perder. Cada día que pasa, aumenta el número de muertes inocentes y prosigue la destrucción sistemática de Gaza.

Día 15
11 de septiembre de 2025

BIZERTE

Como contamos ayer, la mayoría de la flotilla que zarpó de Barcelona al final no pudo salir de Sidi Bousaid. La tripulación del Sirius, sí marchó ya muy tarde para Bizerte, al estar allí nuestro barco anclado, aunque la mayoría del pasaje, dormimos en tierra, en Túnez, y siendo ya más de las doce de la mañana, partimos para Bizerte en autobús. Todo el día de hoy prácticamente se ha dedicado al traslado de la flotilla desde Sidi Bousaid, hasta Bizerte, y ahora mismo a las ocho y media de la tarde hora de Túnez, aún no han llegado todos los barcos que traen el viento en contra, habiendo avisado algunos, que no llegarán hasta media noche. Mañana será un día de clarificación de la flotilla. Cierto que se han sumado numerosos barcos para navegar hacia Gaza, pero, después de una primera inspección, se ve que no están en condiciones de realizar la travesía. Por tanto, mañana, se deslindará la flotilla entre quienes pueden navegar y quienes no, y el sábado saldrán rumbo a Gaza, solo los barcos que estén en condiciones. No hay que dejar de mencionar el heroísmo de personas que están dispuestas a echarse al mar de cualquier manera en su afán de participar en la lucha contra el bloqueo a Gaza y el fin del genocidio, pero el voluntarismo, sin hacer un análisis de las condiciones materiales, trae muy malos resultados. También habrá un reajuste de pasaje en cada barco, rellenando huecos que pueda haber con aquellas personas que no tengan su barco disponible. Nuestro plan es que el sábado saldríamos ya a navegar directamente hacia Gaza, y las paradas, técnicas, serán en altamar con el objetivo de sumar naves de los países mediterráneos, por donde vayamos avanzando.

Bizerta, una ciudad fundada por Sidón, la ciudad-estado de Fenicia, la actual Líbano. Está a 65 km al norte de Túnez, es la ciudad más antigua de ese país, y es el punto más septentrional del continente africano. Aunque consiguió su independencia de Francia en 1956, este país retuvo la ciudad de Bizerta por el carácter estratégico de su puerto. Hubo enfrentamientos armado, donde el nuevo estado fue derrotado por la mayor fuerza militar de Francia. Sin embargo, una vez que ésta, derrotada por el pueblo argelino en su lucha por la independencia, tuvo que ceder Bizerta al estado de Túnez el 15 de octubre de 1963.

Siendo algo menos de las ocho de la tarde, ya con el día anochecido, un grupo de pasajer@s hemos ido a mezclarnos con la gente de Bizerta, que, aprovechando la llegada de la flotilla, se han concentrado en una gran explanada que hay frente al puerto. Había un enorme gentío en la explanada, la mayoría compuesta por chicos y chicas jóvenes, incluso adolescentes. Muchas banderas palestinas y muchos cánticos de Palestina libre fundamentalmente, aunque en alguna ocasión resonaba el Allah Akbar. Seguramente, mañana que estaremos todo el día aquí con la flotilla que salió de Barcelona, prácticamente al completo, tendremos más oportunidades de confraternizar con la gente.

Mientras continua el genocidio, según el medio al Mayadeen, desde la madrugada de este jueves, cincuenta personas han resultado muertas por los bombardeos, fundamentalmente en ciudad de Gaza, donde tienen que aterrorizar a la gente para que cumpla la orden de evacuación de la ciudad.

Hemos leído el siguiente artículo de ayer, en el medio Politics for the people, de Ramzy Baroud, periodista y escritor palestino ¿Por qué Israel teme a las Flotillas de Gaza? Por su interés hemos seleccionado un trozo de él:

"El ministro de Defensa Israel Katz, ha asegurado que Israel actuará contra cualquier intento de romper el bloqueo o de ayudar a las organizaciones terroristas.

Esta furia se hace eco del lenguaje enojado y las acciones violentas utilizadas sistemáticamente por los gobiernos israelíes contra cualquier persona o cualquier entidad que se atreva a desafiar el asedio israelí a Gaza. ¿Pero por qué tanta furia? Estas iniciativas aparentemente pequeñas y desfinanciadas, por sí solas, no son suficientes para romper el asedio de Gaza o para alimentar a los dos millones de personas que están experimentando un genocidio y una hambruna.

Israel es plenamente consciente de la potente eficacia de la acción de la sociedad civil en el caso de Palestina. De hecho, la mayor parte de la defensa de los derechos palestinos en todo el mundo no proviene de aquellos que pretenden representar al pueblo palestino, sino de la sociedad civil en general. Esto incluye una amplia gama de acciones: defensa política que presiona a los gobiernos, defensa legal que responsabiliza a los estados ante el derecho internacional, presión económica a través de iniciativas de desinversión, boicots culturales y académicos, y movilización popular masiva.

Las flotillas de solidaridad son, por lo tanto, una poderosa expresión de hasta dónde está dispuesta a llegar la sociedad civil para hacer el trabajo que debería haber sido responsabilidad de gobiernos e instituciones internacionales. La amenaza explícita del ministro de seguridad, Ben-Gvir, para tratar a los activistas como "terroristas" es un reflejo directo de los miedos israelíes y, paradójicamente, un poderoso reconocimiento de la creciente influencia del movimiento de solidaridad internacional.

Para finalizar es necesario recordar hoy, la muerte de Salvador Allende defendiendo la libertad y la democracia de Chile, frente a militares golpistas, comandados desde la embajada de EEUU, que en última instancia estuvo detrás del golpe de estado. Antes de ser acribillado, cuando dicen que se suicidó, dejó para la historia su proclama "trabajadores de mi patria... más pronto que tarde... se abrirán las grandes alamedas por donde pase el hombre libre".

Queremos mencionar también, el aniversario de la muerte, el día de ayer, de un gran revolucionario, aunque menos conocido que Allende. El Comandante Juan Almeida. Estuvo al borde de la muerte, sufrió prisión y exilio, viajó en el yate Granma para comenzar la revolución en Cuba, y, cuando parecía que la derrota era inminente, gritó: «¡Aquí no se rinde nadie!».

Fue el hombre que no se olvidó de sus humildísimos orígenes, que se sentaba junto al limpiabotas y ejercía el oficio, y que hizo suya la máxima martiana de echar su suerte «con los pobres de la tierra».

Día 16
12 de septiembre de 2025

BRUTAL CAMPAÑA PARA DESALOJAR GAZA DE 1 MILLÓN DE HABITANTES

Hoy ha sido un día de reuniones organizativas para poner a punto la salida de la flotilla para mañana, sábado 13. Se ha confirmado que muchas naves no podrán salir por la falta de condiciones técnicas para abordar una travesía de 10 días hasta Gaza. Esto dejará también en tierra a muchas personas, activistas por Palestina, que tenían toda la ilusión en participar en el proyecto de la Global Sumud Flotilla. Las personas que partan finalmente mañana llevarán con ellas, las ansias de participar en el fin del bloqueo y del genocidio en Gaza. Igualmente, también llevamos con nosotras, el esfuerzo y la valentía de miles de personas que se movilizan todo el día en el estado español y en múltiples países, para que sea escuchada su voz. Que tengan por seguro que llevaremos su corazón con nosotras, y su esfuerzo dará alas a la flotilla para llevar a nuestros hermanos y hermanas de Gaza un halo de esperanza. Os dejamos, extractos de dos artículos que hemos leído hoy en la prensa.

CIUDAD DE GAZA. – Fuente "Drop Site News". Los palestinos de la ciudad de Gaza se enfrentan al máximo de la campaña militar de Israel para limpiar étnicamente toda la ciudad, otrora la más "grande de la Palestina histórica, sin ningún lugar adónde ir.

El miércoles, el ejército israelí ensalzó su escalada de asaltos a la ciudad de Gaza, y un portavoz dijo que decenas de aviones de combate israelíes alcanzaron más de 360 objetivos en la ciudad, incluyendo edificios e infraestructura de gran altura. La primera ola se centró en los Daraj y Tuffah, la segunda y tercera oleadas incluyeron un ataque a gran escala en las áreas de Daraj, Tuffah y Furqan. Además de edificios residenciales e infraestructura, también se han destruido campamentos de tiendas de campaña abarrotadas.

Múltiples palestinos desplazados en la ciudad de Gaza dijeron que no pueden huir al sur debido a los exorbitantes gastos de viaje, que pueden llegar hasta 4.000 shekels (alrededor de 1.200 dólares); la falta de espacio o refugio en zonas severamente hacinadas en el sur; y la falta de seguridad de los ataques israelíes en cualquier lugar de Gaza, incluso en las llamadas zonas humanitarias.

Los israelíes destruyeron nuestra casa y no sabíamos adónde ir o qué hacer. Nos fuimos, luego volvimos, y nos fuimos y volvimos aquí de nuevo. Nos hemos mudado unas 20 veces a estas alturas y todavía no sé adónde ir, dijo Issa, que fue desplazado a la costa desde su casa en Al-Zarqa, un barrio en el noreste de la ciudad de Gaza. Aparcado detrás de él en la playa de arena había un carrito de burros apilado con colchones, macetas y otras pertenencias. Esto debería ser la última parada. Deberían dejarnos quedarnos aquí.

Al-Dada se paró frente a un refugio improvisado de lona de tela y estacas de madera cerca de la carretera costera. Intentó refugiarse cerca de la calle. Sólo para tener un poco de privacidad. Mi hija está herida, y yo, mi hijo y mi marido. Pusimos un pequeño espacio para vivir. Lo recogí todo de la calle.

La orden emitida [el lunes 8] por la mañana por el ejército israelí para el desplazamiento masivo de los residentes de la ciudad de Gaza es cruel, ilegal, y agrava aún más las condiciones genocidas de la vida que Israel está infligiendo a los palestinos. Declaró Heba Morayef, directora regional para Oriente Medio y África del Norte de Amnistía Internacional.

Sharif Abdel Kouddous y Jawa Ahmad contribuyeron a este informe.

Netanyahu, advierte que no habrá estado palestino y toma medidas para ello. Fragmentos artículo de Shatha Yaish, 12 de septiembre de 2025.

A medida que el mundo intenta reconocer un estado palestino, Israel se mueve para negarlo. Según un proyecto de asentamientos, estos separarían a Jerusalén Este de Cisjordania, fragmentaría las comunidades palestinas y promovería la anexión permanente.

En las colinas quemadas al este de Jerusalén, el asentamiento israelí de Maale Adumim se extiende hacia afuera, arrojando una larga sombra sobre la bulliciosa ciudad palestina de Ezariyah. Estas son las colinas donde Israel se dispone a abrir camino en su bloque de asentamientos E1, talando Cisjordania en dos en un intento de borrar la posibilidad de un estado palestino de una vez por todas.

De concretarse, el plan israelí de construir 3.400 nuevas casas de asentamientos, que recibió la aprobación final del gobierno en agosto, después de estar estancada durante décadas ante la presión internacional, cortaría físicamente Jerusalén Este del resto de Cisjordania, fragmentando las comunidades palestinas y haciendo casi imposible la idea de un estado contiguo.

El Estado palestino está siendo borrado de la mesa no por eslóganes sino por hechos, proclamó el ministro de Finanzas israelí, Bezalel Smotrich, quien adelantó el proyecto, después de su aprobación. Y ayer, el primer ministro Benjamin Netanyahu añadió su firma oficial al plan en una ceremonia simbólica dentro de Maale Adumim. Vamos a cumplir nuestra promesa de que no habrá Estado palestino; este lugar nos pertenece, declaró.

La semana pasada, Smotrich fue más allá, desvelando un plan para anexar el 82 por ciento de Cisjordania a Israel que dejaría sólo seis centros de población palestinos fragmentados.

Prevenir un estado palestino es un consenso israelí, leyó una declaración adjunta a un mapa del plan, que fue blasonado con el logotipo del Ministerio de Defensa israelí.

En toda Cisjordania, la anexión ya no es sólo una amenaza inminente, sino una realidad en desarrollo del control permanente de Israel. Cerca de 900 puertas metálicas y puestos de control militares restringen a los palestinos a llegar a familiares, amigos e incluso atención médica urgente.

Lo más que podemos decir sobre el hecho de que gobiernos hayan decidido reconocer a Palestina, en medio de un genocidio que tiene que terminar, es que es muy poco, demasiado tarde. Lo que los gobiernos deberían estar haciendo, no sólo como una obligación moral, sino como una obligación política y jurídica en virtud del derecho internacional, es poner fin al genocidio y a la ocupación, y hacer que Israel rinda cuentas. Así que esto es pura hipocresía.

Día 17
13 de septiembre de 2025

NO HEMOS LOGRADO HOY SALIR HACIA GAZA

El día de hoy ha sido muy intenso. Nos convocan a las 7:30h a una reunión, en la zona donde está ubicado el Family. Para llegar a esa dársena hay que dar un paseo de al menos 20 minutos. En el camino atravesamos por un puente, un brazo de mar, donde está ubicada la ciudad antigua de Bizerta. Se ve muy bella, con unas murallas de entrada, la especie de ría que penetra, donde aparcan pesqueros pequeños, y luego se ve el abigarramiento de casas antiguas.

En la charla, el compañero que ejerce de coordinador pide disculpas por todas las dificultades y la pérdida de tiempo en Túnez. Ni pensábamos atracar en Túnez, pero había otra vez que reparar barcos, había que resolver problemas burocráticos, no esperábamos que nos atacaran tan pronto y otros problemas. Finalmente, 5 barcos de los que han llegado hasta Túnez no podrán seguir adelante, no hemos encontrado medios para repararlos en Túnez. Nos informan que hoy partiremos junto a la flotilla de Sumud (la que sale del Magreb) y en total, de Barcelona y Túnez juntaremos 39 embarcaciones. Mañana, en alta mar, nos juntamos con la flota que sale de Italia, de los puertos de Catania y Siracusa; pasado mañana se unirán la flota de Grecia y otros barcos que puedan unirse. Una vez salgamos este anochecer de Bizerte, mantendremos el rumbo hacia Gaza, solo podrán detenernos fuerzas mayores de averías o ataques. Además de llevar cinco barcos menos, el Huga, un barco donde iban dieciocho mujeres, lo hemos reducido a la mitad, ya que era un pasaje excesivo para la capacidad del barco. Hemos tenido por tanto que aumentar el pasaje de otros barcos, así el Sirius donde íbamos veintiocho personas a bordo, iremos ahora treinta y cinco.

Después de la Asamblea no hemos parado, al menos en el Sirius. Unas personas han ido a comprar víveres y otras a descargar los víveres de los barcos que ya no viajan. Víveres, agua y ayuda humanitaria. Luego todo eso, había que acoplarlo en el barco, teniendo cuidado en repartir la carga para no desequilibrarlo. Además, las cajas de alimentos que tenemos que usar en la cocina, hay que fijarlas de alguna manera; básicamente con cuerdas y tornillos, ya que, con marea, como no estén bien fijadas las cosas, vuelan todas por los aires, cocinas, cafeteras, verduras, espaguetis... A partir de las seis horas de la tarde ya estamos con temas burocráticos, firmar un apoderamiento, a l@s abogad@s palestin@s, que nos representaran en caso de que nos secuestren la soldadesca sionista, esperar que nos avisen para sellar nuestros pasaportes, antes de la salida del puerto...

Las doce pruebas dificilísimas que tuvo que pasar Hércules, para ser aceptado entre los dioses del Olimpo, tuvieron una visión moderna con las 12 pruebas de Ásterix y Obélix. Los héroes galos consiguieron pasar las pruebas, pero estuvieron a punto de tirar la toalla en la más difícil de ellas, vencer a la burocracia. El atasco de última hora que ha impedido a la flotilla de Barcelona partir desde el puerto de Bizerta, está en la imposibilidad de llenar los tanques de gasoil antes de la salida como habían previsto los capitanes.

Os paso extracto de prensa con un ejemplo concreto de cómo el genocidio sionista ha destruido el sistema sanitario de Gaza.

La desaparición del Dr. Hussam Abu Safiya (medio informativo) Drop Site News

Intentó mantener abierto el hospital Kamal Adwan durante la invasión israelí. Ha estado en prisión desde entonces.

Amel Guettatfi. 12 de septiembre

En la madrugada del 27 de diciembre de 2024, los muros del Hospital Kamal Adwan, en el norte de Gaza, se estremecieron cuando las fuerzas israelíes lanzaron bombas en las inmediaciones. Al amanecer, las excavadoras habían allanado el terreno que conducía a la entrada y los tanques israelíes se acercaban. Francotiradores rodeaban el complejo. En el interior, 350 pacientes, médicos, enfermeras y sus familias se apiñaban en los pasillos.

Alrededor de las 6 de la mañana, una voz proveniente de un cuadricóptero que sobrevolaba el hospital llamó al Dr. Hussam Abu Safiya, director interino del Complejo Médico Kamal Adwan. Su esposa, Albina, con quien llevaba más de 30 años casado, lo observó mientras trepaba entre los escombros para alcanzar un tanque israelí a una cuadra de distancia. "Fue a verlos con su bata blanca", dijo. "Iba a verlos con la seguridad de no haber hecho nada malo".

Al anochecer, el Kamal Adwan había sido vaciado y clausurado por el ejército israelí. El Dr. Abu Safiya y todos los hombres que se encontraban en el interior fueron detenidos. El Dr. Abu Safiya sigue bajo custodia israelí desde entonces sin cargos formales ni juicio en condiciones inhumanas.

Esa incursión marcó el final de un asedio de ochenta días al Hospital Kamal Adwan, el último hospital en pie en el norte de Gaza. El Dr. Abu Safiya asumió el cargo de director interino a principios de 2024, tras la detención del anterior director en otra incursión y el cierre temporal del hospital. «El Dr. Hussam sentía que era imposible no tener un hospital en el norte», declaró Rawiya Tanboura, de 32 años, enfermera que trabajaba con él desde 2019. «Creo que temía que todas las personas que murieran en el norte murieran porque él se marchaba». Gran parte del hospital había quedado destruido, pero el Dr. Abu Safiya reunió al personal restante y lo reabrió.

Desde el 7 de octubre de 2023, fecha del inicio de la actual guerra de Israel contra Gaza, el Dr. Abu Safiya se ha negado a abandonar el norte, a pesar de haber tenido más de una oportunidad para evacuar. Dado que su esposa es originaria de Kazajistán, la familia podría haberse marchado, pero él se sentía obligado a seguir ayudando a sus pacientes, y anticipó que el plan de Israel era desalojar completamente la zona de civiles.

El Dr. Abu Safiya se encuentra detenido bajo la Ley de Encarcelamiento de Combatientes Ilegales de Israel, que permite a Israel retener a palestinos de Gaza indefinidamente sin acusarlos formalmente ni garantizarles el debido proceso.

Día 18
14 de septiembre de 2025

LA FLOTILLA NAVEGA RUMBO A GAZA Y PALESTINA GANA LA VUELTA.

El día de hoy, hasta las seis de la tarde en que, por fin, el Sirius ha realizado la maniobra de despegue de la dársena del puerto, ha sido algo agobiante, porque no veíamos la hora en que íbamos a zarpar. La carga de gasoil tardó en realizarse, y no en la gasolinera del puerto, sino que vino otro barco a suministrarnos gasoil. Con el que hemos cargado no es suficiente para llegar a Gaza, pero esperamos repostar por el camino.

Una vez cargado el gasoil, sacamos todos los equipajes del barco, para hacer una limpieza exhaustiva de éste y cerciorarnos de que no había ningún objeto "extraño" que se nos hubiera colado. También se han revisado todos los equipajes en tierra, y luego hemos vuelto a ocupar el barco. Después teníamos que pasar a sellar el pasaporte para la salida del país, pero hemos quedado, creo que todas las personas que hemos ido a la comisaría del puerto, muy sorprendidas, ya que cuando esperábamos un simple sello, nos ha hecho una foto a cada una y nos han tomado la huella dactilar, todo en un proceso muy lento.

Finalmente teníamos que esperar fuera del barco a que llegara una delegación de la policía. Ellos han ocupado el barco, lo han estado inspeccionando entero y después llamaban una a una a cada persona, le entregaban el pasaporte, pero tenía que ir acompañado por un policía al sitio donde tuviera sus pertenencias para mostrarla al policía. Una pregunta recurrente era la de que cuánto dinero llevábamos. Desde luego, con las cantidades que íbamos diciendo, dábamos la imagen exacta de lo desharrapados que somos.

Poco antes de las seis horas de la tarde hora local de Túnez, estallaba el entusiasmo en el barco. Este iniciaba la maniobra de despegue, al mismo tiempo que nos llegaban noticias de la suspensión de la vuelta ciclista en su entrada en Madrid. Ha sido fantástico ver como a pesar del despliegue de mil quinientos policías y las amenazas de la presidenta de la Comunidad y del alcalde, el pueblo de Madrid ha tomado las calles por donde debía pasar la vuelta, ha tirado todas las vallas de protección, y ha manifestado con coraje, su denuncia del genocidio palestino y su exigencia de que se tomen medidas, ya, contra el criminal régimen sionista. Aunque los tiempos han cambiado, el legado de lucha del pueblo sigue ahí. ¡Madrid que bien resistes!

La salida del Sirius ha sido muy emocionante, la gente cantando Palestina Libre, un grupo de gente saludándonos desde el muelle, alguna gente llorando, y es que ya existe la convicción de que ya nada nos detiene hasta llegar a Gaza. Quizá nos secuestre el ejército sionista, pero no obstante pisaremos tierra palestina, aunque este ocupada por ese régimen bárbaro y fanático.

Otros barcos de la flotilla irán saliendo a continuación, y esperamos encontrarnos mañana ya con la flotilla Sumud, que salió ayer de Túnez y en poco tiempo con la flota italiana. La salida del Sirius, al que le ha costado bastante hacer la maniobra de despegue de la dársena, ha sido escoltada por delfines, que nos han acompañado hasta llegar a mar abierto. Hemos disfrutado como criatura viendo sus saltos en el agua y sintiendo una vez más que nuestro viaje es hermoso y necesario.

El problema del gasoil que hemos sufrido, creo que no es una anécdota pasajera, sino algo de calado que tiene que ver con el futuro de la humanidad. Desde hace años ya que se están dando, sobre todo en países, ahora llamados del sur global por distinción de los países poderosos y ricos que saquean, o lo intentan, a los primeros, una grave carencia de gasoil. El diésel y el gasoil son subproductos del petróleo y como este, ha llegado, a partir de 2015, a un máximo de producción, y a partir de 2019, a una caída bastante acusada en su producción. En los países ricos, este aún no es demasiado evidente, porque pueden pagar los precios ante una energía cada vez más escasa, pero acabará afectando también a esas economías. Es probable que el uso de energía fósil, tan negativa para el medio ambiente, va a llegar a su fin, no porque se haya un proceso de transición a energías limpias, sino simplemente porque se nos acabarán y con ellas el modelo social y productivo actualmente existente. Si alguien tiene interés puede ver el sitio https://crashoil.blogspot.com/2021/11/el-pico-del-diesel-edicion-de-2021.html, o ver cualquier charla en YouTube de Antonio Turiel el científico del CSIC, uno de los mejores divulgadores del tema en España.

Os dejo el relato publicado ayer en el medio mondoweiss.net, por el escritor palestino Qassam Muaddi. Él va relatando el diario de un amigo suyo de Gaza, Malek, arquitecto, casado y con dos hijos y residente desplazado a un campamento de tiendas de campaña en Khan Younis. El relato es aterrador. He escogido los días 13 y 19 de julio. El día 23 de julio es el último en su relato.

> *13 de julio: Malek se desmayó del hambre mientras buscaba comida para su familia ese mismo mes.*
>
> *Hoy, mi cuerpo me traicionó mientras estaba en el mercado. Caí en el suelo y perdí el conocimiento hasta que una pareja de ancianos me puso un poco de azúcar en la boca y una hoja de menta en la nariz, escribió Malek. He visto a mucha gente desmayarse últimamente, pero nunca esperé ser una de ellas. Pensé que era mucho más fuerte que el hambre. Supongo que algunos pensamientos pueden ser engañosos.*

19 de julio: Lo más difícil de todo es ver lo que el hambre le está haciendo a tus hijos, Malek me escribió.

Los envidio a todos, aquellos que tuvieron suerte de morir al principio de este genocidio, dijo Malek en un texto. Envidio a los que murieron antes de la hambruna. Envidio a aquellos cuyo padre anciano murió antes de tener que buscar azúcar, y cuyo bebé murió antes de tener que buscar leche.

Ese mismo día, Malek me dijo que preferiría morir que oír a Zain o Ayloul (sus hijos) pedirle comida de nuevo. Ahora puedo contar mis costillas, me dijo también.

Mientras tanto el genocidio continúa. Según el periódico israelí Haaretz, los ataques israelíes causaron la muerte de 68 palestinos, incluidos 10 solicitantes de ayuda, y 346 heridos durante el último día, según informó el Ministerio de Salud de Gaza. Según el ministerio, dos personas murieron también de hambre y desnutrición.

Día 19
15 de septiembre de 2025

CONTINÚA LA DESTRUCCIÓN Y LA EXPULSIÓN FORZADA DE LA CIUDAD DE GAZA

Una vez salimos ayer anocheciendo de Bizerte, no andamos mucho. Nos situamos en alta mar con la ciudad a la vista, esperando que se fueran reagrupando los barcos que iban saliendo. Prácticamente, la flotilla que partimos de Barcelona, comenzamos a navegar al amanecer, en dirección al cabo de Bon, la parte más septentrional de Túnez y de África.

Sobre la una de la tarde, ya estábamos en el cabo de Bon y nos paramos nuevamente, esta vez para esperar a la flotilla Sumud, donde vienen la gente del Magreb y de África. Antes de llegar al cabo hemos pasado por las islas Zembra y Zembretta, que constituyen el primer parque nacional creado en Túnez en 1977, para proteger la flora y la fauna, especialmente la pardela atlántica. Hasta 1975 hubo presencia de focas monje y actualmente es el único lugar de África donde vive el conejo europeo.

Por la mañana hemos tenido la asamblea del Sirius. En este nuevo ciclo de navegación la composición del barco ha cambiado. Al menos cuatro personas tuvieron que dejar la travesía y ahora hay 9 personas nuevas, con una composición de mujeres más alta, y que ahora representan casi un tercio del total. Antes hacíamos las reuniones en inglés y castellano y a Magno, el compañero brasileño más veterano de la flotilla, se le traduce personalmente. Ahora hacemos las reuniones en tres idiomas, inglés, castellano y turco. Confluimos en el Sirius, personas de 11 estados: Argentina, Brasil, Egipto, España, Estados Unidos, Finlandia, Francia, Irlanda, Malasia, Túnez y Turquía.

En la reunión, se ha vuelto a explicar las normas de funcionamiento y convivencia a bordo. Y en una 2ª parte han vuelto a presentarse todas las personas que componen el barco. Estas presentaciones son muy cortas, pero de definen el perfil de las personas. A pesar de la heterogeneidad del grupo, este tiene bases sólidas de unidad y de armonía. La primera, el compromiso profundo con la causa Palestina; la segunda, la defensa de los valores de izquierda, definida como la construcción de un mundo nuevo basado en la igualdad; y la tercera, la defensa de los derechos humanos, pisoteados por los poderes dominantes en el mundo actual.

A las 21:00 horas de Túnez, seguimos en Cabo de Bon. Ya han venido muchos barcos de la flotilla Sumud y en la oscuridad de la noche, si miras hacia arriba, ves un cielo cuajado de luminosas estrellas y si miras hacia el horizonte, también lo ves cuajado de brillantes estrellas, estas son las naves de la flotilla de la paz y la libertad. Aprovechamos el parón para resolver problemas cotidianos. El Sirius tiene dos pequeños servicios consistentes en un lavabo que no funciona y un inodoro. De los dos solo funcionaba uno que hoy se ha estropeado. Por tanto, era causa de preocupación de todo el pasaje, aunque no sea una avería que afecte a la marcha del barco. Desde otro barco nos han traído una bomba de succión que van acopladas a los inodoros y ya hemos conseguido arreglar uno y luchando para conseguir arreglar el otro.

No sabemos cuando arrancaremos a navegar esta noche, ya que lo decidirán los capitanes que están en contacto. Ojalá por la mañana estemos ya a la altura occidental de Sicilia, con una flota de 40 naves aproximadamente, que se unirá a otras 20 italianas.

Nos llegan nuevas noticias de pronunciamientos del mundo de la cultura a favor de Palestina y contra el genocidio. En la gala de los premios Emmy, de importancia mundial, Javier Bardem apareció en la alfombra roja de los premios con una kufiya, para “denunciar lo urgente, el genocidio de Israel en Gaza”. Además pidió “sanciones para el estado genocida de

Israel, no solamente por el genocidio en curso, sino también por el estado de apartheid que provoca tanto desgarro". También se solidarizaron con Palestina otros actores premiados como Hannah Einbinder, o Meghan Stalter.

En Madrid, durante todo el día de hoy, Pedro Almodóvar, Loles León, Luis García Montero o Adriana Ugarte han sido algunas de las personas responsables, que este lunes han leído en la Puerta del Sol (Madrid) los nombres de niños y niñas palestinos asesinados por la ofensiva israelí en Gaza.

Esta ofensiva, que ha forzado ya la salida de 250.000 personas de la ciudad, un 25% de su población, la relata en primera persona, Ahmed Ahmed en el diario israelí, "+972".

> *Estoy en la ciudad de Gaza, mi maleta está hecha, pero me niego a salir de mi casa.*
>
> *El devastador ataque de Israel a mi ciudad está obligando a miles de personas a huir en busca de seguridad, que sabemos que no existe, a costa de perder nuestras casas para siempre.*
>
> *Para aquellos de nosotros que todavía vivimos en partes de la ciudad que Israel aún no había nivelado completamente, inicialmente esperábamos que el anuncio fuera sólo otro ejemplo de guerra psicológica diseñada para aterrorizarnos...*
>
> *Pero desde el 13 de agosto las fuerzas israelíes han desatado una devastadora ola de ataques aéreos, fuego de artillería y ataques con aviones no tripulados contra mi ciudad, con Al-Sabra y Zeitoun llevando la peor parte. Bloques enteros han sido borrados. Miles de personas han huido. Miles más permanecen atrapados, los cuerpos yacen en las calles, inalcanzables por los equipos de emergencia.*

Por la noche, los robots cargados de explosivos de los militares israelíes deambulan por las calles, demoliendo alrededor de 300 unidades residenciales cada día. Detonando en las primeras horas, las explosiones sacuden el suelo a mi alrededor. Si estoy dormido, me despierto aterrorizado, en mi cabeza suenan durante horas después.

Desde entonces, varios rascacielos más han sido aplanados, a sus residentes se les da apenas 20 minutos para recoger sus pertenencias antes de que sus casas sean destruidas.

Por pura suerte, he logrado escapar de las lesiones y la muerte. He aprendido a adaptarme a lo que se siente como un estado de supervivencia permanente: me muevo rápidamente, me quedo cerca de las paredes, y camino bajo los árboles para evitar ser avistado por los quadcopters. Siempre mantengo las manos vacías para demostrar que no planteo ninguna amenaza, aunque para muchas de las víctimas de Israel esto no fue suficiente. Nunca vuelvo de la misma manera que vine, y a menudo camino en un patrón de zigzag para hacer más difícil que los francotiradores me atacaran.

A pesar de todo esto, le dije a mi familia que no me iré. Contrariamente a las afirmaciones de Israel, no hay lugar seguro para nosotros. Una vez que destruya toda la ciudad de Gaza, continuarán hacia el sur.

Día 20
16 de septiembre de 2025

EL DERECHO DE VIVIR EN PAZ

Tal día como hoy, el 16 de septiembre de 1973, Víctor Jara cantautor, profesor, escritor, director de teatro chileno y comunista, fue asesinado en el estadio de Chile, donde fue detenido, después del golpe de estado de Pinochet con otros miles de personas. En el estadio, fue torturado y brutalmente golpeado, rompieron sus costillas a patadas y rompieron sus manos a culatazos. Tras cuatro días, fue asesinado con más de cuarenta disparos. El Estadio Chile, ahora se llama Estadio Víctor Jara. El total de personas reconocidas oficialmente en Chile como desaparecidas o asesinadas entre 1973 y 1990 es de más de 3.200, y el de personas que sobrevivieron al encarcelamiento por motivos políticos o tortura, de cerca de 40.000.

Una de las canciones más famosas de Víctor Jara, fue "el derecho a vivir en paz". Estaba dedicada a la heroica lucha del pueblo vietnamita, contra la ocupación de EEUU de su país. Si Víctor no hubiera sido asesinado, hoy tendría 92 años y seguramente le podría dedicar la misma canción a Gaza. "Quien asesinó a la humanidad en Vietnam", "Quien asesinó a la humanidad en Gaza". Solo hay que cambiar el nombre del sitio, ya que sionistas e imperialistas forman el mismo tándem, hoy que ayer. EEUU, el principal y necesario colaborador en el genocidio de Gaza, ya asesinó a cerca de cuatro millones de personas en Vietnam, y no le quita el sueño colaborar en el genocidio del pueblo palestino. Solo la lucha de los pueblos del mundo, incluido el de Estados Unidos puede parar la matanza.

Durante la noche hemos navegado y a las siete de la mañana estábamos junto a la isla de Pantelaria, que pertenece a Italia y forma parte de la administración de Sicilia, aunque está situada unos 110 km en su suroeste y a solo 65 km al norte de Túnez. La isla constituye la parte emergida de un volcán, y se compone de rocas de origen volcánico. De ahí le llega a Pantelaria, el sobrenombre de Perla Negra del Mediterráneo. La verdad, es la primera vez que conozco de la existencia de la isla, al parecer llena de calas y aguas cristalinas. Hemos estado varias horas a su altura, reagrupando otra vez la flota, hasta que hemos arrancado otra vez a navegar sobre medio día.

Pongo otra vez el enlace para acceder a la situación de los 40 barcos que ya conformamos la flota, en espera de que nos unamos mañana a la de Italia: https://globalsumudflotilla.org/tracker/

Estamos navegando a 4.9 millas por horas, que viene a ser algo menos de 8 km, lo que viene a ser cerca de 200 km al día. Calculamos que en unos 10 días estaremos en Gaza, siempre que no haya parones imprevistos como hasta ahora. Probablemente, mañana, al anochecer estaremos a la altura de Malta.

A las cinco de la tarde hemos tenido asamblea para tocar distintos temas. En primer lugar, nos han informado que hay un equipo de psicólogos, de guardia permanente, para atender casos que se puedan dar de agobio, ansiedad, etc. Cosa que aún no ha ocurrido, pero que es de agradecer por la voluntariedad de esas personas de ayudar y atender en caso necesario a quienes están navegando.

A continuación, hemos hablado de los aspectos más relevantes con respecto a Gaza. Lo primero, la declaración de 16 ministros de asuntos exteriores de: España, Turquía, Bangladesh, Brasil, Colombia, Eslovenia, Indonesia, Irlanda, Libia, Malasia, Maldivas, México, Omán, Pakistán, Qatar y Sudáfrica expresan nuestra preocupación por la seguridad de la Flotilla "Sumud", que expresa una iniciativa de la sociedad civil en el que participan ciudadanos de nuestros países. Nuestros gobiernos comparten estos dos objetivos, la paz y la provisión de ayuda humanitaria, junto con el respeto del derecho internacional, incluido el derecho humanitario. Por lo tanto, pedimos la abstención de cualquier acto ilegal o violento contra la flotilla, y que el derecho internacional y el derecho humanitario internacional sean respetados. Es la primera vez que se emite una declaración semejante y pone de manifiesto la creciente ola de rechazo al genocidio perpetrado por el régimen sionista.

En segundo lugar, la información de que, después de casi dos años de conflicto, NNUU reconoce lo obvio: una comisión internacional independiente para investigar los acontecimientos en el territorio palestino ocupado determina oficialmente como genocidio las acciones de Israel en la Franja de Gaza. Sin ningún tipo de peros o condiciones.

Conclusiones principales de la comisión:

-Israel continúa cometiendo genocidio en la Franja de Gaza, y sus acciones contra la población son las más despiadadas desde 1948;

-Los líderes militares y políticos del país, incluido el primer ministro Benjamín Netanyahu, han incitado al mismo.

-Tel Aviv es responsable de no prevenir el genocidio de los habitantes del enclave.

-Los países tienen la obligación de utilizar todas las herramientas para detener las acciones del ejército israelí (Tzahal) en Gaza y en los territorios ocupados.

Por último sobre la ofensiva terrestre del ejército sionista en Gaza, se ha informado de los intensos bombardeos y el avance de tanques sobre la ciudad que ha provocado el éxodo de entre 200 y 300 mil personas, de una población en ciudad de Gaza de 1.000.000. Sin embargo, gente que huye luego retorna, porque ni hay condiciones de viajar hacia el sur, ni hay ningún lugar seguro donde estar.

El resto de la reunión la hemos usado para repasar las actuaciones en caso de distintas emergencias. Tanto en el caso de agresión y secuestro de la flotilla, como en el caso de accidentes circunstanciales, como fuego, caída al agua, o necesidad de abandonar la embarcación.

Roger Waters, el compositor y cantante inglés, gran amigo de Palestina ha declarado sobre la Global Sumud Flotilla: "Tienen una gran ventaja sobre las FDI (el ejército sionista) e Israel, una brújula moral que los guía".

Día 21
17 de septiembre de 2025

Esta mañana hemos amanecido ya, cerca del paso entre la punta de Sicilia y Malta. Durante el día seguimos avanzando hasta que al anochecer ya estábamos algo más avanzados de Porto Palo, y en el tracker, (tenéis el enlace en el diario de ayer) ya se puede ver la situación global de la flotilla. Somos cuarenta y dos barcos en el entorno de Porto Palo, y esta noche o mañana, seguiremos rumbo a Grecia, donde nos esperan al menos cinco embarcaciones más. En condiciones normales tardaríamos dos días en llegar de Sicilia a Grecia, pero nos avisan que posiblemente nos esperan fuertes tormentas en esa zona, en los próximos tres días. Iremos viendo lo que nos reservan Neptuno y Eolo en el camino.

A las once de la mañana, tenemos reunión, con pocas novedades, más allá de que estamos a dos horas de llegar a la altura de la flota italiana. También, se nos informa de un movimiento mundial de rechazo a la actual ofensiva del ejército israelí sobre Ciudad de Gaza, que se llama "Sonar la alarma".

Después de la asamblea y aprovechando que estamos juntas, los compañeros argentinos, proponen grabar un grito colectivo de "No a Milei" para mandar a la gente en Argentina que están celebrando nuevas movilizaciones contra el presidente argentino, amigo de Netanyahu, y que en España también goza de buenas relaciones como las de Ayuso y Abascal. Otro embaucador, que logró engañar al pueblo, pero que acabará en el basurero de la historia, ese que hiede y nadie mira ya nunca más. Se puede ver este pequeño video, del grito del Sirius contra Milei en https://www.instagram.com/reel/DOtTca0glB0/?igsh=MXJtMHY3aXpxaDd2

El compañero Thomas, que representa a Irlanda en nuestro barco, también nos ha dejado un vídeo de Gerry Adams, el histórico dirigente republicano irlandés del Sinn Féin, con un mensaje contra el genocidio en Palestina, con el siguiente contenido: "Debemos terminar con el sistema de apartheid de Israel y ayudar a traer paz justicia y libertad para el pueblo palestino. Desde hoy deberíamos trabajar juntos y fortalecer los lazos del movimiento de apoyo global a Palestina. Hacer de nuestra causa común el futuro de los niños palestinos para que puedan disfrutar de un futuro democrático y de un estado soberano. Viva Palestina libre.

Según informa el medio al Mayadeen, en lo que va de día, hasta las siete y cuarenta y cinco de la tarde se han registrado 75 asesinados por fuego del "ejército" de ocupación israelí, de los cuales, 53, lo han sido en la ciudad de Gaza.

El genocidio, sigue también creando un fuerte impacto dentro de la sociedad israelí. Según el medio middleeastmonitor.com, 79,000 personas residentes en Israel abandonaron el país, por la situación de guerra, mientras que el ejército sionista sigue debilitándose. El general Dado Bar Kalifa, admitió en la sede del Congreso de Israel (Knesset) que hay un déficit de tropa que calcula en 12.000 soldados, al mismo tiempo que han contabilizado a más de 17.000 desertores.

Por último, os dejo fragmentos de otro testimonio vivo del genocidio, en este caso de un joven músico palestino de 25 años.

Hazem Alghosain La Intifada Electrónica 17 de septiembre de 2025

Lo que se canta no se puede matar

Tengo 25 años. Soy de la ciudad de Gaza. Mi padre me llamó Marcel porque amaba al cantante, músico y compositor Marcel Khalife. Pero mi madre, me llamó Hazem, y eso se convirtió en mi nombre. Eso es lo que soy.

Heredé mi amor por la canción y la patria de mi padre, y la música se convirtió en mi forma de vivir, mi forma de resistirme.

Los posibles futuros para nosotros aquí en Gaza fueron cortados con el comienzo de la guerra genocida. Perdí mi trabajo como artista cuando mi estudio de grabación fue destruido, y con él fue mi sueño y mi unidad.

No pude hacer nada durante meses. Estaba perdido, muchos de nosotros lo estábamos.

Terminé en una casa que se convirtió en un refugio de masas cuando fui desplazado por primera vez del norte en octubre de 2023. Todos los niños de la casa tenían miedo. En algún momento, decidí enseñarles una canción llamada Aatuna al-Tufulah, o "Give Us Children". Es una canción muy triste, pero tomaron la canción con amor. Cantaban con pasión, como si un rayo de luz solar quemara su miedo.

Nació una idea. Usaría canciones para reunir a los niños para apoyo psicológico en los campamentos y en las escuelas. En marzo de 2024, monté una carpa de música donde los niños podían venir a aprender canto, a interpretar, a escribir y a teatro. Era muy popular y en un momento dado atraía hasta 200-250 niños. Estuve con ellos todos los días hasta que el ejército ordenó nuestra evacuación de esa parte de Khan Younis.

El sueño se cortó, y con él nuestra unión. No supe de los niños durante días, durante los cuales los militares israelíes bombardearon la zona. Finalmente, volvimos al refugio. Pero sólo algunos de los niños regresaron. Otros no.

Veinte de mis estudiantes habían muerto en el bombardeo, más tarde me enteré. Más habían resultado heridos. Nuestro sueño murió con ellos.

La música no es una actividad. Es un recuerdo, un rastro, un para siempre.

La guerra genocida de Israel no me ha matado todavía, pero ha matado las nociones de humanidad que una vez sostenía como verdad.

No recuerdo cuántos desplazamientos he tenido hasta ahora; dejé de contar después del décimo. Sé que he sido desplazado a casi todas las partes de la Franja de Gaza, al norte y al sur.

He perdido amigos. Khalil, Ahed, Hamed, Muhammad, Mahmoud, Majd, Waseem, Hareth... He perdido a mis parientes, mi hermano de mi madre y su hermana y mis primos. Las pérdidas me rompieron, pero me niego a rendirme a la desesperación como un niño en Gaza se niega a aceptar ir a dormir con hambre, sin pan ni agua.Nuestra hambruna impuesta ha matado lo que quedó de la humanidad de este mundo. Tengo hambre mientras escribo este artículo. Un tazón pequeño de sopa de lentejas es todo lo que he tenido que comer en los últimos dos días, y así es como nos ha sido durante semanas. Sufro un dolor de cabeza constante y una serie de problemas de salud causados directamente por la falta de alimentos y medicinas. Pero no escribí esto para lamentar. Escribo para grabar mi voz en una eternidad frente al olvido.

La canción que se canta no puede ser asesinada.

Hazem Alghosain es músico, escritor y practicante de teatro.

Día 22
18 de septiembre de 2025

LA NAZIFICACIÓN DE LA SOCIEDAD ISRAELÍ

Querid@s compas, seguimos en Portopalo, en la esquina más meridional de Sicilia, y por tanto de Italia. Anoche hubo una larga reunión entre capitanes de barco, con diferencias entre si continuar el viaje os esperar que pasara lo más gordo de la tormenta. No hubo acuerdo. Mientras la mayoría de la flota de Barcelona y de Túnez, consideraban que, para evitar riesgos deberíamos demorar la salida, la flota italiana consideraba que había que partir ya. Anímicamente, era comprensible la opinión italiana, ya que llevan días esperando y la gente está ansiosa por partir, y creen que los riesgos no son tan graves. La solución final fue que, la flota italiana ha partido hacia Grecia, mientras el resto nos quedamos, en alta mar, pero cerca de Portopalo, con la intención de zarpar, probablemente, mañana al atardecer.

Según los criterios del capitán del Sirius, en la reunión de esta mañana, los barcos italianos que han partido afrontarán en las próximas horas, olas de hasta dos metros y medio de altura, lo que es soportable para las embarcaciones que llevan, veleros pequeños, pero que cuando avancen, mañana se encontrarán con olas de hasta cuatro metros de altura, y eso no lo podrán soportar, por lo que, lo más probable, es que paren y busque resguardo en algún sitio.

Las previsiones nuestras son, que una vez zarpemos mañana tarde, encontraremos un oleaje fuerte, pero que este irá amainando según avancemos, y además vamos a viajar todo lo al norte que podamos, haciendo una media luna en el trayecto desde Italia a Grecia. En cualquier caso, tenemos un nuevo punto de encuentro en Grecia con la flotilla italiana y con la griega que también nos está esperando.

Y con toda la flotilla unida estaremos, casi con toda seguridad, el 28 de septiembre en las playas de Gaza, para entregar a nuestros hermanos y hermanas, que nos esperan, la carga más valiosa que hay en el mundo, la de la solidaridad, el amor y la humanidad.

En el barco, la actividad es constante. Hay que realizar las tareas cotidianas de limpieza, de elaborar la comida, de hacer guardias, de nuestro aseo personal, y también constantemente, de informar a los colectivos con los que estamos conectados. Todo el mundo a bordo hace informes, reportes, videos, graba mensajes... al mismo tiempo que procuramos estar al tanto del minuto a minuto de como transcurre la situación en Palestina, tanto en Gaza como en Cisjordania. Por la tarde, hemos tenido una nueva sesión de simulacro, de posible ataque con drones, o alternativamente de intento de secuestro de la nave. Parecemos reclutas un poco torpes, pero poco a poco vamos afinando y vamos sabiendo lo que tenemos que hacer en cada momento. En adelante, y hasta llegar a Gaza, repetimos simulacros diariamente. Justamente al acabar la reunión, un compañero de Malasia ha ido grabando una a una a todas las personas del barco para que emitieran un mensaje corto de solidaridad con Palestina, para enviarlo a su país, y poco después, otro compañero, en este caso de España, ha conectado en directo con una manifestación que se estaba celebrando en Ibiza.

Según el medio palestinechronicle.com, el ejército de ocupación israelí ha cortado todas las conexiones de telecomunicaciones e internet en la ciudad de Gaza, aislando por completo a ochocientos mil palestinos a medida que intensifica los ataques contra la zona sitiada.

La medida, causando un apagón informativo total, se produce en medio de bombardeos implacables y desplome de los altos edificios, así como el avance de los vehículos militares israelíes hacia la ciudad, dijo el Euro-Med Human Rights Monitor.

La resistencia palestina sigue luchando contra el ejército de ocupación. Medios israelíes han informado de pérdidas militares, diciendo que cuatro soldados murieron y ocho resultaron heridos en una zona al sur de Rafah descrita como una zona segura para las fuerzas israelíes. El medio israelí Hadashot Bezaman, especifica que, entre las víctimas mortales había un comandante de la compañía, dos oficiales y su conductor.

Por otro lado, Al-Quds News Network, citando plataformas de colonos, informó que combatientes de la resistencia palestina llevaron a cabo una emboscada en el norte de Gaza, que causó heridas entre soldados israelíes.

A continuación, citamos extractos del artículo del diario israelí +972, publicado hoy 18 de septiembre, sobre la ofensiva del ejército en Gaza:

La ciudad de Gaza está envuelta en llamas, mientras el ejército israelí se embarca en su ofensiva terrestre amenazada hace mucho tiempo, después de semanas de bombardeos implacables.

Miren a los ojos de la gente agarrada por un terror inigualable incluso en los momentos más oscuros de este genocidio de dos años. Vea las filas de niños cubiertos de ceniza acostados en el piso empapado de sangre de lo que una vez fue un centro médico - unos apenas vivos, otros llorando de dolor y miedo - mientras las manos desesperadas tratan de consolarlos o tratarlos con cualquier suministro médico quede. Escucha los gritos de familias que huyen sin dónde correr. Padres testigos rastreando el infierno en busca de sus hijos; extremidades que sobresalían bajo los escombros; un paramédico acunando a una chica inmóvil, rogándole que abriera los ojos, en vano.

Lo que Israel está haciendo en la ciudad de Gaza no es el trágico subproducto de los eventos caóticos sobre el terreno, sino un acto bien calculado de aniquilación, ejecutado a sangre fría por el ejército del pueblo, es decir, los padres, hijos, hermanos y vecinos de nosotros, los israelíes.

En los últimos veintitres meses, la sociedad israelí ha apostado por una red de mentiras interminables para justificar y permitir la destrucción de Gaza, no sólo al mundo, sino sobre todo a sí misma. El principal de ellos es la afirmación de que los rehenes sólo pueden ser liberados a través de la presión militar. Sin embargo, quienes llevan a cabo las órdenes del ejército, lloviendo en masa sobre Gaza, lo hacen sabiendo perfectamente que pueden estar matando a los rehenes en el proceso. El bombardeo indiscriminado de hospitales, escuelas y vecindarios residenciales, junto con este desprecio por las vidas de los israelíes mantenidos cautivos, prueba el verdadero objetivo de la guerra: la aniquilación generalizada de la población civil de Gaza. Israel está desencadenando un holocausto en Gaza, y no puede ser descartado como la voluntad de los actuales líderes fascistas del país. Este horror es más profundo que Netanyahu, Ben Gvir y Smotrich. Lo que estamos presenciando es la etapa final en la nazificación de la sociedad israelí.

Día 23
19 de septiembre de 2025

154 PAÍSES, DE 193, RECONOCEN EL ESTADO DE PALESTINA

Llevamos navegando varias horas desde mediodía. Anoche, los barcos italianos que habían salido en dirección a Grecia volvieron otra vez a la zona de Portopalo. Si volvéis a mirar el tracker, veréis que somos cincuenta barcos navegando, incluyendo a los seis que nos esperan en Grecia. Hemos perdido por el camino, al menos 30 barcos, pero a Gaza vamos a llegar con una buena representación de los pobres de todo el mundo. Somos una ola de solidaridad, a continuación de otras olas que fueron, y otras muchas olas que llegarán.

A partir del lunes 22 de septiembre la batalla por la libertad de Palestina tiene como escenario la 80 sesión plenaria de Naciones Unidas, que durará hasta el 29 de septiembre. El lunes 22 habrá una reunión especial para debatir el derecho a la soberanía y a la existencia del estado de Palestina. EEUU, de la mano del presidente Trump ha negado el derecho de asistencia a la representación de la autoridad palestina, no concediendo visas de entrada en el país. Vulnera así la obligatoriedad normativa de Naciones Unidas a que EEUU, por ser el país sede de la institución, está obligado a cumplir.

Por la oposición de EEUU e Israel a la asistencia de la autoridad Palestina a la Asamblea General, esta tuvo que votar, siendo aprobada, por una mayoría aplastante de 145 votos a favor y solo 5 en contra, la participación de Palestina en la próxima Asamblea General de la ONU. De forma extraordinaria, por la negativa de estadounidense de conceder los visados, la Autoridad Palestina intervendrán por videoconferencia en la Asamblea que comienza la próxima semana en Nueva

York. Probablemente, una decena de países anunciarán su reconocimiento del Estado palestino, entre ellos, Francia, Reino Unido, Canadá y Australia. El primer ministro israelí, Benjamín Netanyahu, con el respaldo de su socio Trump, ya ha advertido que su país nunca aceptará un Estado palestino, a pesar de que la gran mayoría de países del mundo, el setenta y cinco de ellos, reconocen a Palestina como país. Solo la fuerza bruta del poderío militar y económico de EEUU, impiden la existencia del estado de Palestina.

El Consejo de Seguridad de la ONU votó, ayer jueves, una Resolución, llamando al acceso a la ayuda humanitaria a Gaza, un alto el fuego inmediato, incondicional y permanente en Gaza, y la liberación inmediata e incondicional de los rehenes.

Hay que tener en cuenta, que en las cárceles del régimen sionista hay en torno a veinte y mil rehenes de Palestina, tanto de Gaza como de Cisjordania. La resolución fue apoyada por catorce miembros del Consejo de Seguridad y rechazada por uno, Estados Unidos, que con su poder de veto, anula la votación casi unánime del Consejo. Estados Unidos ha vetado ya más de cincuenta resoluciones críticas con Israel desde que existe el Consejo de Seguridad.

Uno de los pocos países europeos, que se niega a reconocer el estado palestino es Alemania. El país que cometió el genocidio contra el pueblo judío, conocido como el holocausto, vuelve a tropezar en la misma piedra. Ayer el pueblo judío, hoy apoyando el holocausto palestino. La lucha por Palestina se libra en todos los frentes y por todo el mundo. Hoy 19 de septiembre se ha conocido la noticia de que, un grupo de abogados alemanes han presentado una denuncia penal contra el canciller alemán Friedrich Merz y funcionarios clave del gobierno y ejecutivos del comercio de armas, acusándolos de ayudar e instigar el genocidio de Israel en Gaza.

Los cargos han sido presentados en la Fiscalía Federal contra once altos funcionarios del anterior y actual gobierno alemán y directores generales de fabricantes de armas. Entre ellos se encuentran el ex canciller federal Olaf Scholz, la exministra federal e Relaciones Exteriores Annalena Baerbock, el ex ministro de Asuntos Económicos y Protección del Clima Robert Habeck, el actual canciller federal Friedrich Merz, el actual ministro federal de Relaciones Exteriores Johann Wadephul y la ministra Federal de Asuntos Económicos y Energía, Katherina Reiche, así como el ministro Federal de Defensa, Boris Pistorius.

La denuncia proporciona más de cien páginas de pruebas exhaustivas de los crímenes determinantes del Código de Crímenes contra el Derecho Internacional (CCAIL), a saber, el crimen de genocidio, crímenes de lesa humanidad y crímenes de guerra cometidos por Israel.

Las exportaciones alemanas de armas a Israel se quintuplicaron desde 2023 y ascendieron a cerca de medio billón de euros (485.103,796 euros) en total. Solamente el pasado mes de agosto de 2025, el canciller alemán Friedrich Merz anunció que su gobierno había dejado de emitir nuevas licencias de exportación para armas que podrían ser usadas en Gaza. Sin embargo, se siguen cumpliendo las licencias existentes y se siguen aprobando nuevas licencias para armas supuestamente no destinadas a ser utilizadas en Gaza, pero que siguen contribuyendo efectivamente a la matanza de civiles en Palestina y en la región en general.

Un ejemplo del uso de este armamento, son la abundancia de armas antitanque de mano. Es público que el uso de ellas se ha convertido en una tendencia de TikTok entre los soldados israelíes para filmarse disparando esas armas contra edificios residenciales, destruyendo casas palestinas por diversión.

Finalizo, hoy copiando el lamento de un periodista de Gaza, Khaled Al-Qershali, que llora la muerte de su gran amigo Mohammed en noviembre de 2023.

> *Lloré amargamente ese día. Siempre que recuerdo a Mohammed y nuestros recuerdos, mis*

ojos se llenan de lágrimas... pero sé, con certeza, que Mohammed está en un lugar mejor.

Incluso me siento celoso de él, que descanse en paz, y ojalá fuera él.

Mohammed no fue desplazado varias veces y obligado a cocinar sobre una fogata de madera, sobreviviendo con escasas cantidades de agua y durmiendo sin manta.

No había ido a los puntos de distribución de ayuda de Netzarim o Rafah, donde cientos de personas hambrientas que buscaban comida han sido asesinadas por el ejército israelí.

No esperó horas, para una bolsa de harina en un sitio de ayuda, sólo para no conseguir nada. No se fue a la cama hambriento durante días, sintiéndose muerto de hambre.

No se vio obligado a beber agua salada o contaminada. Es el más afortunado ya que no pasó los últimos dos años de su vida con miedo mientras las bombas sacudían el suelo debajo de él.

No tuvo que llorar y enterrar uno a sus seres queridos hasta que no quedó ninguno.

El propio Mahoma nunca fue enterrado, su cuerpo todavía se encuentra bajo los escombros, sin tumba que pueda visitar, incluso si la guerra terminara.

Pero lo visito todos los días. Siempre está conmigo, vivo en mi mente.

Y mientras nosotros, sus amigos, lo recordemos, Mohammed seguirá vivo.

DIARIO DE VIAJE DE LA GLOBAL SUMUD FLOTILLA.

Nº24. 20/09/2025

Desde que salimos ayer a navegar a medio día no hemos parado. Si miráis el tracker, vais a ver que al anochecer de hoy día 20, ya hemos hecho algo más de un tercio del recorrido entre Sicilia y Creta. Hay 37 barcos en navegación, 6 siguen en el entorno de Portopalo, y otros 6 nos esperan en Grecia. Los 6 que hemos dejado atrás, están resolviendo nuevos problemas de funcionamiento del barco, y esperamos que resuelvan el problema y puedan alcanzarnos. El principal problema es que uno de esos barcos, el Alma, hace la función de buque nodriza y lleva almacenado gasoil, para los demás barcos, Ternemos confianza en que resolverán los problemas técnicos que tienen y nos alcanzarán rápidamente. En caso contrario, tendríamos que resolver de alguna manera, el problema de insuficiencia de gasoil para toda la flotilla.

Cosas que ayer no os dije, y creo que merecen la pena saber. Primero, la nueva acusación del régimen sionista de que somos terroristas. Aprovecharon un pronunciamiento de Hamás llamado al mundo a apoyar a la Global Sumud flotilla, para considerar prueba suficiente, de que no somos una misión humanitaria, sino una iniciativa yihadista promovida por el grupo terrorista de Hamás. Son acusaciones que están en la línea de amedrentar a las personas que vamos a Gaza, justo para protestar e intentar parar el terrorismo constante, cotidiano, terrible que sufre la población civil de Gaza. No obstante, en caso de que se produzca un secuestro de la flotilla por parte del ejército sionista, no descarto, que, si llegamos a Gaza unas 500 personas, intenten seleccionar un grupo al que quieran usar como chivo expiatorio y le apliquen efectivamente la legislación antiterrorista. Tendremos que estar preparad@s para ello.

También es importante señalar, que varios periodistas de medio de comunicación importantes dejaron la flotilla en Bizerte, entre ellos el País. No obstante, seguimos con el corresponsal de Público, tenemos también corresponsal de al Jazeera, en realidad, muchísimos pasajeros y pasajeras son corresponsales de algo, y yo también, aunque no profesionalizado, actúo como corresponsal de los medios informativos, Mundo Obrero, Nueva Revolución y Cubaenresumen.

Lamentablemente también, una compañera abandonó el Sirius ayer en Portopalo. Una controversia con un compañero le llevó al abandono, aunque yo pienso que ya se deja sentir el cansancio de 24 días de convivencia, que en general está siendo muy positiva y muy enriquecedora, por la calidad humana de la gente que participa, aunque los desencuentros se producen y hay que resolverlos bien.

En la asamblea de esta mañana, Dilex, una compañera turca de las que viajan nos ha dado a conocer su correspondencia con una amiga palestina de Ciudad de Gaza. En uno de sus mensajes, su amiga le decía que la gente de Gaza está ansiosa por nuestra llegada. Van a recibirnos con los mejores platos típicos de la cocina palestina. Sin embargo, en un mensaje posterior, una vez iniciada la ofensiva del ejército sionista sobre Ciudad de Gaza, lo que comunica es que ojalá sigan vivos cuando lleguemos para poder recibirnos.

Hemos tenido una propuesta de la coordinación de la flotilla de que a los barcos, le pusiéramos nombres palestinos o nombres mixtos, donde apareciera por un lado el origen del barco y por otro el destino de Palestina. En el Sirius hemos acordado en principio, denominarnos Sirius-Haifa, en honor a la ciudad palestina, mas grande del norte de la Palestina ocupada, y que está erigida en las laderas del monte Carmelo. Me ha hecho ilusión saber que uno de los barcos griegos que nos esperan se denomina Ahed Tamimi. La familia Tamimi se caracterizó por ponerse al frente de la lucha de toda su aldea, Nabi Salih, por el robo del manantial de agua que surtía a la aldea y fue ocupado por un nuevo asentamiento colonial sionista. Esa lucha, con manifestaciones semanales, hacia el manantial, ha supuesto el encarcelamiento de prácticamente toda la familia y heridas graves a algunos de ellos. Ahed Tamimi, empezó a participar en las manifestaciones en 2010, a la edad de nueve años. Ahed, una chica guapísima, con melena rubia rizada, se hizo muy famosa, a raíz de la difusión de un vídeo, en el que aparecía abofeteando a un soldado israelí en su casa, pocas horas después de que otros soldados hubiesen disparado en la cabeza con una bala de goma, a su primo de quince años, que le provocó secuelas permanentes. Fue condenada a ocho meses de cárcel, tenía entonces 16 años.

En noviembre de 2023, Ahed Tamimi, ya con 22 años, fue detenida en su casa, en Nabi Saleh, por sospechosa de incitación a la violencia y de actividades terroristas, una vez que el régimen sionista comenzó su operación de exterminio de la población de Gaza. Fue liberada, con otros 200 palestinos, como parte del acuerdo de intercambio de rehenes de Hamás. A Ahed Tamimi, y a su padre Bassem al Tamimi, el principal activista de la familia, pudimos conocerlos en Madrid y en Bruselas, dentro de un proyecto de encuentro de asociaciones de solidaridad con Palestina en Europa, organizados por el entonces eurodiputado de Izquierda Unida, Manu Pineda.

Dos ejemplos he visto hoy que aparecen en la prensa, de personas significativas, que se mojan en público contra el genocidio. Primero la diputada holandesa, Esther Ouwehand que salió a la tribuna para hablar con una camiseta de la bandera de palestina. Al negársele la palabra, volvió a salir a hablar esta vez con una camiseta, donde aparecía el símbolo de la sandía.

El otro caso es de nuestro actor, Eduard Fernández, al que se le ha concedido hoy en San Sebastián, el premio nacional de cinematografía de 2025. Ha salido a recoger el premio con su kufiya puesta y entre otras cosas ha dicho que quien no se conmociones con el genocidio en Gaza, tiene un problema de humanidad.

Mientras seguimos nuestro ritmo de vida, el genocidio continúa sin descanso. La ofensiva sionista sobre ciudad de Gaza sigue su marcha de destrucción y ya han conseguido que unas 450.000 personas, del millón de habitantes de ciudad de Gaza, abandonen la ciudad, en una inmensa caravana, que se dirige hacia el sur, hacia ningún sitio.

Día 25
21 de septiembre de 2025

DRONES SOBRE EL SIRIUS

Hoy, domingo por la mañana temprano, la imagen a nuestro alrededor era preciosa, con un montón de veleros navegando a nuestro alrededor. Las fotos que veo por internet de la flotilla son muy potentes, pero falsas. Se ven muchos barcos grandes, muy juntitos y que van navegando como en formación. La realidad es que solo hay cuatro barcos grandes (lo de grande también es un decir en comparación con los veleros) y la gran mayoría, son barcos pequeños, que no llevan una tripulación superior a seis personas, mientras que en los grandes andamos por las treinta personas. Aproximadamente, calculo que somos unas 400 personas las que vamos navegando hacia Gaza.

De pronto, no serían aún las nueve de la mañana, el motor del barco Sirius-Haifa, dejó de sonar y se paró. Creí que habíamos parado por algo concreto, pero no, simplemente se paró por alguna avería. Tuvimos que quedarnos al pairo, y ver como lo arreglábamos. La avería nos ha cogido a menos de 850 millas náuticas de las costas de Gaza. Sobre las diez de la mañana, vino en nuestro auxilio, en una lancha, un mecánico de otro barco, que finalmente consiguió reparar la avería. Habremos estado parados unas cuatro horas, pero desde entonces seguimos adelante, acercándonos al grupo de cabecera de la flotilla.

Mientras el barco ha estado parado, la tripulación ha aprovechado la oportunidad para organizar la ayuda humanitaria a bordo, clasificando y detallando la cantidad de medicamentos y alimentos que llevamos hacia Gaza. Mientras Netanyahu, bombardea despiadadamente la ciudad de Gaza, nos llama terroristas por cargar alimentos y medicinas para socorrer a la gente que él quiere matar de hambre y a bombazos.

Y nos tienen en el punto de mira. Cuando estaba anocheciendo, al menos dos drones han estado sobrevolando el Sirius-Haifa. Después de unos diez minutos, los drones se han marchado, después de pasar la información que fueran buscando.

¿De dónde vienes los drones? Pues sospecho que vienen de la base militar de EEUU y la OTAN, en la bahía de Souda, situada en la isla de Creta. Esta es actualmente, una de las más importantes en el Mediterráneo. Cuenta con puertos y un aeropuerto y alberga a unas 1.000 personas. Un punto estratégico que está siendo utilizado para brindar apoyo táctico al régimen israelí para seguir adelante con el genocidio palestino. Si no tenemos más contratiempos en la navegación, mañana por la noche estaremos cerca de Creta.

Mientras, siguen los bombardeos sobre ciudad de Gaza, y se dan cifras dispares sobre los cientos de miles de personas que han abandonado ya la ciudad, veamos el testimonio directo de una de las víctimas de la expulsión de Gaza, Shaimaa Eid escritora cuyo relato publicó ayer, el medio Crónica Palestina.

> *Una vez más, nos vimos obligados a abandonar el norte de Gaza bajo una tormenta implacable de bombardeos, miedo y destrucción, comenzando otro desplazamiento cargado de agotamiento y pérdida, esta vez hacia Al-Mawasi en Khan Yunis.*
>
> *Habíamos vuelto a nuestra casa en ciudad de Gaza. Como familia, hicimos una promesa: no nos iríamos, nos quedaríamos mientras tuviéramos aliento en nuestro cuerpo.*

Pero la ocupación, con su violencia y arrogancia, nos despojó incluso de ese derecho. Y una vez más, nos quedamos sin nada más que la amargura de la salida forzada.

Los últimos días antes de nuestra partida se sintieron como los horrores del Día del Juicio Final. Muchos de nuestros vecinos recibieron advertencias de evacuación, seguidas de proyectiles devastadores. El olor a pólvora y humo aún permanecido en mi nariz hasta el día de hoy, y sigo luchando con la respiración de la intensidad de lo que soportamos. Nos cortaron el agua y la comida; los mercados estaban cerrados; incluso los puestos callejeros se convirtieron en objetivos de bombas lanzadas por los aviones por la noche. No tuvimos más remedio que huir hacia el sur para escapar de una muerte segura.

El viaje de desplazamiento fue duro en cada detalle. Nuestro viaje del norte al sur tomó casi seis horas bajo un sol ardiente, (la Franja de Gaza tiene un máximo de 41 km de largo entre el norte y el sur) a lo largo de la carretera Rashid, que el ejército de ocupación designó como la ruta de evacuación.

En el camino, fuimos testigos de una escena que nunca será borrada de la memoria: una carpa en la playa bombardeada justo delante de nuestros ojos, con cuerpos esparcidos por la arena. Estábamos a pocos metros, sin embargo, esa distancia fue suficiente para robarnos el sueño para siempre. Incluso ahora, cada vez que cierro los ojos, esa escena vuelve a despertarme.

Después del agotador viaje, llegamos al campamento de desplazamiento de Khan Yunis. El lugar estaba insoportablemente abarrotado. Los servicios eran escasos, demasiado pocos para todos. La gente se vio obligada a bajar al mar bajo el sol abrasador para recoger agua salada, lo que provocó la propagación de enfermedades de la piel tanto entre adultos como entre los niños. Ver a la gente llenar botellas del mar la sentí como una escena de una novela apocalíptica. Aquí todo es difícil: dormir, comer, conseguir medicinas. Incluso encontrar un pequeño pedazo de sombra, debajo donde descansar se ha convertido en un desafío.

Hoy vivimos en un torbellino de ansiedad y miedo. Todos los días, vemos las noticias de nuevas torres residenciales colapsando en Gaza. Vamos a dormir preguntándonos: ¿nuestra casa seguirá de pie, o se convertirá también en escombros? Mis padres necesitan atención médica continua y medicamentos que no podemos encontrar.

Me siento impotente y frustrada por mi incapacidad para asegurar su medicina, y en la impotencia de nuestra familia ante esta tragedia implacable.

Y, sin embargo, a pesar de todo esto, hay una voz interior que se niega a ceder. Me susurra que Gaza perdurará, y que algún día volveremos al norte para reconstruir, piedra por piedra, levantando nuestras casas de nuevo con nuestras propias manos. Esa voz me dice que esta tierra permanecerá libre y orgullosa, no importa cuánto dure la destrucción, y que todo este dolor no será más que un capítulo en nuestra historia de resiliencia.

La ciudad de Gaza está sangrando hoy, pero no se romperá. La Gaza de la que me despido con la esperanza de regresar, siempre permanecerá en mi corazón un símbolo de dignidad y orgullo, hasta que cada persona desplazada regrese a casa, cada niño regrese a la escuela, y cada familia se reúna con sus recuerdos.

Día 27
23 de septiembre de 2025

EL HIMNO DEL SIRIUS

A las siete de la mañana, cuando salgo a cubierta, veo que el barco está parado y que cerca de nosotr@s, cuento al menos a otros veinte barcos de la flotilla. El mar está tranquilo y el tiempo es bueno. El parón se debe a que, por fin, nuestro buque nodriza, el Alma, nos va a abastecer del gasoil que necesitamos para llegar hasta Gaza. Cerca de las nueve de la mañana, el Alma se junta al Sirius-Haifa y comienza la maniobra para la transferencia de Gasoil. Al juntarse los barcos, las tripulaciones se saludan. En el Alma, va como pasajero, Mandla Mandela, diputado en el Congreso Sudafricano y otras personas más relevantes, públicamente, de la flotilla.

Al acabar la carga del gasoil, antes de despedirnos, el Sirius-Haifa al completo, canta, ante el auditorio del Alma, la canción del Sirius, acompañado, además, con guitarras y panderetas. La canción tiene la siguiente letra:

Cuando me despierto en la mañana. Me ducho con el agua del mar. Pienso solo en una cosa: Sí, vamos a llegar.

Gaza no voy a dejarte sola. Yo no voy a traicionar. Yo te hago una promesa: Sí, vamos a llegar.

Por la noche miro las estrellas. Y me pongo a contemplar. Si la luna ya lo sabe: Sí, vamos a llegar.

Gaza no voy a dejarte sola. Yo no voy a traicionar. Yo te hago una promesa: Sí, vamos a llegar.

Cuando llega la tormenta. Y me agarró el mal del mar. De repente paro y pienso: Sí, vamos a llegar.

Gaza no voy a dejarte sola. Yo no voy a traicionar. Yo te hago una promesa: Sí, vamos a llegar.

Muchos barcos navegando juntos. Para romper el bloqueo. Con el Sirius en el frente: Sí vamos a llegar.

Gaza no voy a dejarte sola. Yo no voy a traicionar.

La canción, con una melodía alegre ha tenido bastante éxito entre nuestro público. Yo para no estropear mucho la canción solo hacía los estribillos.

Con respecto a Gaza, nos llegan noticias de nuevas iniciativas que se suman a la exigencia del fin del bloqueo y del genocidio. En un comunicado, en su página rumboagaza.org, la organización española que forma parte de la coalición internacional de la Flotilla de la Libertad ha comunicado la salida inminente de nuevos barcos hacia Gaza. Este es un extracto del comunicado:

La Coalición Flotilla de la Libertad (FFC) y Thousand Madleens a Gaza (TMTG) unen sus fuerzas en una sola flotilla para desafiar el ilegal y mortífero asedio de Israel a Gaza. Esta alianza une dos iniciativas globales lideradas por la ciudadanía en un compromiso compartido con la justicia y la solidaridad con el pueblo palestino.

El 24 de septiembre de 2025, lanzaremos la próxima oleada de barcos civiles hacia Gaza desde el puerto siciliano de Catania, siguiendo los primeros barcos de la Flotilla Global Sumud que ahora se dirigen hacia las costas de Palestina. Se trata de la continuación de un legado de resistencia que comenzó con el Movimiento Free Gaza en 2008 y las misiones de FFC desde

2010. Navegamos porque las potencias mundiales permiten el asedio ilegal de Israel a la Franja. Navegamos para romperlo, para desafiar la complicidad de la mayoría de los gobiernos y para afirmar los derechos de la población palestina en Gaza.

Por otra parte, otra iniciativa pretende llegar andando hasta la frontera de Gaza por Egipto después de recorrer varios países europeos. La información es la siguiente:

"Después de una huelga de hambre en la embajada egipcia en Berlín con algunos de los delegados de "Hasta la victoria", nuestra marcha/caravana comenzará mañana, 20 de septiembre. A partir de ahora compartiremos continuamente vídeos e imágenes en las redes sociales.

Instagram: https://www.instagram.com/temelhaklar.almanya?igsh=MTl1N25rNXc5NzdodA==

https://www.instagram.com/antiimperialistfront?igsh=MTEzZWhiZDllbDRraA==

Tiktok: https://www.tiktok.com/@palestinewearecoming?_t=ZN-8zrESwWQoQI&_r=

Del medio https://mondoweiss.net, saco el relato de una judía checa residente en EEUU. Jamila Levasseur. 21 de septiembre de 2025

Por qué no puedo unirme a mi familia en honrar a nuestros ancestros muertos en el Holocausto mientras Israel comete genocidio en Gaza. No podría unirme a mi familia para honrar a nuestros antepasados asesinados en el genocidio nazi mientras Israel usa nuestra historia para justificar su opresión de los palestinos. En vez de eso, honro las vidas de mi familia haciendo todo lo que he podido para detener el genocidio de Gaza hoy.

Crecí bajo el peso de este genocidio que todo el mundo se refería como el Holocausto. Crecí a distancia, porque mis abuelos y mi padre tuvieron suerte de escapar. Mi primo, que vive en Praga y cuyos padres sobrevivieron a los campos de concentración, nos invitó a una ceremonia familiar en Praga para honrar a nuestros antepasados asesinados por el nazismo.

¿Visitaríamos los salones de cerveza, nos uniríamos a multitudes de turistas en el antiguo Ayuntamiento donde mis abuelos se casaron, nos tomaríamos selfis en el puente de piedra medieval Carlos que atraviesa el río Moldava? Mientras, los sionistas seguirían lanzando bombas de fabricación estadounidense sobre dos millones de palestinos, destruyendo hospitales y escuelas, en nombre del derecho a defenderse.

No podía imaginarme haciendo tal viaje, siendo alegre o celebrando nuestra unión. Envié un enlace a una entrevista con un anciano sobreviviente del genocidio nazi alemán, alguien que conoció un genocidio y que cuando vio lo que hacían con los palestinos, llamó a la entidad sionista por lo que son, genocidas.

Me excusé de hacer el viaje aclarando que todos los días honro la memoria de nuestra familia asesinada en el genocidio nazi al trabajar por el fin del genocidio de los palestinos de Israel. Añadí, Israel está cometiendo este genocidio en nombre de nuestra familia y de todos los judíos. Es otro holocausto. Creo que si mi abuela estuviera viva hoy, ella estaría protestando en las calles junto conmigo.

Me hubiera gustado añadir que, Israel creó un estado de apartheid racista donde el genocidio está tan normalizado que la mayoría de los occidentales ni siquiera se dan cuenta de que ha estado en curso desde mucho antes de 1948.

Que los palestinos, como pueblo ocupado, tienen derecho a resistir por cualquier medio necesario, incluida la lucha armada, y que celebremos sus actos de resistencia, al igual que celebramos a los judíos que lucharon en el levantamiento del gueto de Varsovia, y a los prisioneros judíos que protagonizaron una revuelta en Treblinka, donde mis bisabuelos fueron asesinados.

Pero no lo dije. Tampoco, que los sionistas están arrasando casas en toda Cisjordania, obligando a los agricultores a salir de sus tierras a guetos urbanos, construyendo asentamientos ilegales en el mayor acaparamiento de tierras desde 1967.

He perdido algo, una relación familiar, pero he ganado algo mucho más importante. Claridad, determinación, un sentido afilado de propósito y una creencia aumentada en el poder del pueblo. Eso vale todo.

Lo que nos mantiene en marcha es el uno al otro. Palestina será libre.

Al finalizar el diario, nuestra flota ya está a la altura del extremo occidental de Creta, mientras los barcos griegos nos esperan en el extremo oriental. Mañana nos encontraremos para seguir juntas hasta Gaza.

NOTA URGENTE.

MADRUGADA DEL 23 AL 24 DE SEPTIEMBRE

Son las cuatro y veinte horas de la madrugada en Grecia. Desde la una de la madrugada estamos en estado de alerta toda la flotilla porque se han producido una serie de ataques con drones. La mayoría con bombas de sonido, pero algunas también con gases tóxicos. La última explosión que hemos oído ha sido sobre las tres y treinta. Los barcos atacados son los siguientes:

1. Ohwayla fue alcanzada por una pequeña granada aturdidora sin causar heridos. Se está evaluando el daño al barco.

2. Yulara fue rociada con un dispositivo químico no identificado, pero la cápsula que liberaba los productos químicos rebotó y cayó al agua. No hay heridos. Se están evaluando los daños en el barco.

3. Otaria fue alcanzada por una granada aturdidora en el mástil central, sin que se produjeran heridos. Se están evaluando los daños en el barco.

4. María Cristina fue atacada dos veces con granadas aturdidoras por encima de la cubierta, sin que se produjeran heridos. Se están evaluando los daños en el barco.

5. El Selvaggia fue alcanzado por una granada aturdidora, sin que se produjeran heridos. Se está evaluando el daño al barco.

6. El Morgana fue alcanzado por una granada aturdidora, sin que se produjeran heridos. Se está evaluando el daño al barco.

7. El Zefiro fue alcanzado por una granada aturdidora, sin que se produjeran heridos. Se está evaluando el daño al barco, pero se ha confirmado que hay daños en el aparejo.

En el vídeo (https://www.facebook.com/share/v/1EumUcss3n/) veréis el tipo de explosiones que se están sucediendo. Se trata de tenernos en vela y asustarnos. Estamos alertas y seguimos navegando hacia Gaza.

Madrugada del 23 al 24 de septiembre de 2025

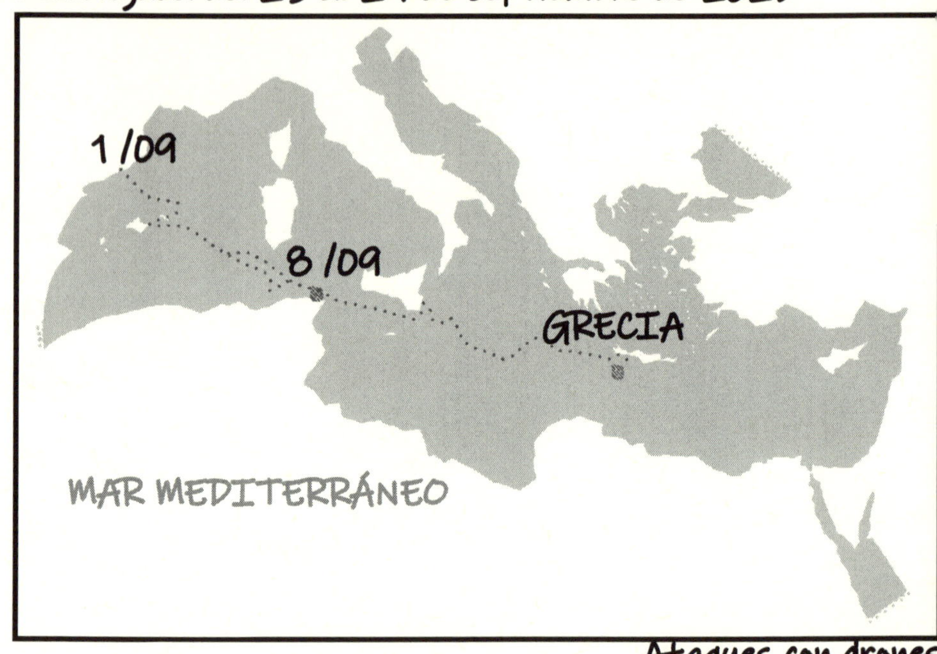

Ataques con drones

Día 28
24 de septiembre de 2025

PETRO

Después de la juerga que nos montaron anoche los sionistas, me he levantado a las nueve de la mañana. Nos acostamos después de las cinco, primero estando toda la madrugada en vela por si se producía algún ataque y luego reportando lo sucedido a nuestr@s compañer@s. No obstante, otr@s compañer@s, por quedarse de guardia han fotografiado el amanecer. Y una foto preciosa, es la del pesquero Estrella y Manuel, uno de los barcos de la flotilla, que ayer tuvo, a primera hora de la tarde una visita, que después de inspeccionar el barco ha decidido quedarse en él. Se trata de un milano real, que después de realizar varios vuelos por encima del barco decidió posarse en su parte superior. La tripulación le brindó su hospitalidad, lo adoptó como mascota y además le pusieron el nombre apropiado, "Gaza". Después de todo el jaleo de anoche, esta mañana, Gaza seguía en su puesto del Estrella y Manuel, oteando el horizonte, que nos lleva a Gaza.

Durante el día, varios temas han estado en la atención de la flotilla. Por una parte, la evaluación del ataque de anoche, por otra, el anuncio del ministro de Defensa de Italia, que ha ordenado, después de conocer los ataques de anoche, que una fragata de la marina de guerra italiana, la "Fasan", que estaba operando al norte de la isla de Creta, se dirija hacia el litoral sur de la isla, por donde va navegando la flotilla, para proteger a los ciudadanos italianos que navegan en ella. Por otra parte, el escenario de la 80ª Asamblea Plenaria de NNUU, donde uno de los temas centrales que se está abordando es la de Gaza, el futuro de Palestina y también el apoyo a la Flotilla como una iniciativa ciudadana que abre camino a las decisiones que han tomado por mayoría las propias NNUU.

El discurso de Guido Crosetto, ministro de Defensa italiano, es perfectamente correcto: "Con respecto al ataque sufrido en las últimas horas por los barcos, a bordo de los cuales también hay ciudadanos italianos, conducidos a través del uso de drones por autores no identificados en ese momento, sólo puede expresar la condena más dura". "En democracia, las manifestaciones y formas de protesta también deben ser protegidas cuando se llevan a cabo en cumplimiento de las normas del derecho internacional y sin recurrir a la violencia". "Para garantizar la asistencia a los ciudadanos italianos presentes en la Flotilla esta noche, ordené la intervención inmediata de la fragata multifunción Fasan de la Armada que navegaba al norte de Creta como parte de la operación de Mar Seguro. La fragata ya se dirige a la zona para cualquier actividad de rescate."

Esa protección, es la que hemos solicitado a todos los países, que, a través de sus ciudadanos, están participando en la flotilla, y están en riesgo por los ataques israelíes. La iniciativa, ha sido secundada, además, por el gobierno de España, que por boca del presidente Pedro Sánchez, ha anunciado el envío de un buque de la armada española, que mañana jueves 25, saldrá de la base militar de Cartagena en dirección a la ubicación de la flotilla. Esto es un gran triunfo de la movilización mundial para conseguir un corredor humanitario libre para llevar ayuda a Gaza. Con la protección real de países europeos, la llegada a Gaza es factible y el avance hacia el cese el fuego también. ¡¡Hagamos realidad nuestros sueños de libertad para Palestina y el fin del genocidio!!

Sin embargo, yo veo algo turbio en la iniciativa del ministro italiano. Crosseto, antes de ser ministro de defensa en representación del partido parafascista que fundó con Meloni, ya era uno de los principales propietarios y dirigente de la empresa Leonardo. Esta es una multinacional italiana especializada en seguridad aeroespacial, defensa y seguridad. Es el duodécimo contratista de defensa más grande del mundo basado en datos de 2020. La compañía es parcialmente propiedad del gobierno italiano, que es su mayor accionista el 30,2% de las acciones. Es, además, uno de los grandes suministradores de armamento del régimen israelí, que posibilita el genocidio en Gaza. Su gobierno también, junto al de Alemania, son el referente europeo de rechazo al reconocimiento de Palestina como estado. No se compadece su discurso con la política real que Italia está aplicando con respecto al genocidio en Gaza. Todo se mueve, las cosas están cambiando mientras más nos acercamos a Gaza.

En el escenario de la Asamblea General en la sede de Naciones Unidas, esta tarde, el presidente de Colombia, Gustavo Petro, ha propuesto una resolución por la cual, se cree una fuerza protectora, bajo mandato de NNUU, que proteja a los palestinos, garantice un corredor humanitario y sancione a Israel. El Consejo de Seguridad de NNUU ha permitido el genocidio y no ha tomado medidas contra Israel por el veto de EEUU. Petro propone aplicar la Resolución 377A, que se aprobó en los años 50 con el nombre de "Unión por la Paz". Esta resolución faculta a la Asamblea General, a adoptar medidas que eviten amenazas contra la paz, siempre y cuando la resolución sea apoyada por dos tercios de la Asamblea General. Esto supondría la eliminación del veto permanente de EEUU en apoyo del régimen genocida de Israel. La resolución autorizaría una fuerza armada en Gaza, bajo mandato de NNUU, que protegiera a la población civil, garantizara la ayuda humanitaria, recogiera pruebas del genocidio realizado y facilitara la reconstrucción de Gaza. El objetivo es que esta resolución sea aprobada en estos términos y tenga el apoyo de los dos tercios necesarios, lo que significa que los pueblos tienen que movilizarse para sus representantes gubernamentales, aprueben la resolución de "Unión por la Paz".

La situación en la flotilla, después de los ataques de anoche, es de moral alta y decisión inquebrantable de continuar adelante. No obstante, el ataque se centró en embarcaciones pequeñas, muy frágiles frente a cualquier ataque de ese tipo, aunque no se pretenda que sea mortal, y algun@s compañer@s han manifestado sus dudas sobre si seguir adelante o no.

Esta noche veremos el numerito que nos prepara el ejército sionista. Por cautela, pensando en una mayor protección, hemos entrado en aguas territoriales griegas, continuando el viaje en paralelo a la costa. Ahora mismo somos 38 barcos en el centro del litoral sur de Creta, los 6 griegos nos esperan en el extremo oriental de este litoral y otros tres barcos que dejamos atrás en Sicilia siguen avanzando intentando unirse a la flota. Aquí en Creta son ya las 10 de la noche. Estamos en estado máximo de alerta, si algo ocurriera en las próximas horas lo reportaremos. ¡¡Viva Palestina Libre!! ¡¡Por el fin del genocidio!!

Día 29
25 de septiembre de 2025

SOSO

La noche de ayer fue muy tranquila. Los sionistas no nos prepararon ninguna fiesta al estar en aguas griegas, pero ya avisaron que en cuando avancemos en aguas internacionales hacia Gaza, nos atacarán.

Cuando amanecemos, estamos todavía a varias horas de llegar a la punta de Creta donde están los barcos griegos. Pero a las diez y cuarto horas de la mañana aproximadamente, se nos para otra vez el motor del barco. Una nueva avería en el Sirius. Los demás barcos de la flota nos esperan, porque además de que el proyecto es continuar todas las naves juntas, mientras sea posible, esta mañana se va a dedicar fundamentalmente a discutir la situación.

El ejército sionista no nos ha molestado esta noche, pero ha hecho su trabajo político. Ha comunicado a todos los gobiernos europeos afectados, que nos van a disparar en cuanto intentemos pasar. La actitud de los gobiernos no ha sido la de denunciar estas presiones diplomáticas para que abandonemos nuestro proyecto humanitario hacia Gaza, sino la de llamar a sus contactos en la flota, sobre todo, representantes políticos para insistir en que el viaje es muy arriesgado y que es mejor que entreguemos el cargamento humanitario en algún sitio y demos media vuelta atrás.

El discurso del ministro de defensa italiano se ha quedado en agua de borrajas, la presidenta Meloni, lo ha dicho mucho más clarito: "la Flotilla Global Sumud, con destino a Gaza, es peligrosa e irresponsable. El gobierno italiano y las autoridades competentes podrían entregar los suministros en pocas horas, ya que no es necesario poner en riesgo la seguridad de nadie; no es imprescindible ir a una zona de guerra para llevar ayuda a Gaza". Y lo dice con todo desparpajo. Habría que preguntarle entonces ¿Por qué están dejando de morir de hambre al pueblo de Gaza? ¿Vosotros fascistas, sois tan criminales como los sionistas?

La historia de los barcos es un cuento. No nos van a proteger para que podamos llegar a Gaza, frente ataques ilegales y piratas del ejército sionista, sino que en caso de que nos hundan los barcos, nos socorrerán. Vienen a rescatarnos en caso de que nos pase algo, no a impedir que nos pase. Y eso podrá ser en el caso de los barcos italianos, el barco español, al que llaman el "Furor", esta tarde aún no había salido de Cartagena, y a su velocidad máxima de 20 nudos, tardará tres días en llegar a Creta. Evidentemente, en esos tres días, o hemos llegado a Gaza, o nos han secuestrado o nos han hundido. Pedro Sánchez ha tardado mucho en decidirse en "proteger" la misión humanitaria de la Global Sumud Flotilla. A todo van obligados por la presión social, van arrastrando los pies, así que llegan tarde para evitar las decenas de miles de personas asesinadas por el proyecto genocida del régimen sionista.

La flota, concentrada ya en el extremo este de Creta, ha estado toda la mañana parada. Primero hubo una reunión online del comité organizador, con los responsables de barcos y con los capitanes. Las amenazas sionistas, filtradas además por nuestros gobiernos, han hecho mella, sobre todo en las tripulaciones de los barcos pequeños. La conclusión del debate planteado entre seguir o no seguir, ha sido de que la flota sigue, y que se bajaran en Creta, todas aquellas personas, que consideren que el viaje es ya es muy arriesgado. A partir de mañana, se reinicia el viaje, y el comité organizado decidirá en cada momento y en función de las agresiones concretas que suframos, las decisiones a tomar. A partir de las 13:00h, ha habido asambleas de barcos para que en cada uno de ellos se decidiera lo que hacer. Os puedo decir, que, en el Sirius, sigue adelante todo el pasaje, añadiendo a un nuevo pasajero, un diputado polaco cuyo barco ya no va a seguir el viaje. Mañana, una vez partamos hacia Gaza, podremos hacer un recuento de cuantas personas y barcos seguimos adelante. Ahora mismo somos 44 barcos al abrigo de la costa más al este de Creta, y 3 barcos más que están navegando para unirse a nosotros. Estamos ya en una vertical que nos sitúa en el oeste de Egipto, y a la entrada de lo que es el culo de saco del mediterráneo.

Después de su reunión de la mañana, el comité organizador, ha realizado una rueda de prensa online, para la comunidad internacional, para transmitir la información de que Israel, probablemente intensificará ataques violentos contra la flotilla en las próximas cuarenta y ocho horas, usando armas que podrían hundir barcos, herir y/o matar a participantes. Por tanto, insiste en que los gobiernos y organismos internacionales debe intervenir para garantizar el paso seguro de la flotilla y romper el asedio ilegal de Israel a Gaza.

Por la tarde, hemos tenido otra sesión de preparación frente a posibles ataques o secuestros a nuestro barco.

Os dejo con extractos de relato de una masacre de las miles que se han realizado y se realizan diariamente en Gaza y, pero también en Cisjordania. El autor es Ahmad Abu Shawish y la publicación está en La Intifada Electrónica de 24 de septiembre de 2025.

> *En el campo de refugiados de Nuseirat, mi casa se encuentra en la intersección de dos calles: una calle en la entrada de la casa y una calle principal detrás de ella. La calle se llenaba de niños y niñas jugando, la mayoría de los cuales eran desplazados. Estos juegos simples eran intentos de coser fragmentos de la vida normal, destrozados por el desplazamiento y el horror.*
>
> *Había una niña de cinco* años que se llamaba *Siham al-Ashi; Yo le puse el nombre de Soso ya que*

ella siempre corría hacia mí, con los brazos abiertos, listos para doblarme en un abrazo. Su delicada cara siempre estaba acompañada de una tímida y hermosa sonrisa, y tenía ojos marrones brillantes y su cabello era negro. Bailaba y vitoreaba con todo su ser, como si tratara de escapar de la guerra a través de la alegría.

Unos metros más allá en la misma calle, normalmente me sentaba con un grupo de amigos en el borde de mi casa. Hisham al-Talatine, de 21 años, era uno de mis amigos cercanos. Nos hicimos amigos el 30 de abril de 2024 cuando llegó a la puerta de nuestra casa y preguntó si podía ver la semifinal de la Liga de Campeones entre el Real Madrid y el Bayern Múnich. A partir de ahí seguimos viendo partidos y cada vez que el Real Madrid perdía, nos sentábamos y analizábamos cada detalle. Cuando el equipo ganaba, lo celebrábamos como si fuéramos los jugadores en el campo.

Además de niñ@s y jóvenes, también había mayores sentados en la calle. Abu Ahmad, Abu Nahed, Abu Hadi, hombres desplazados de más de 50 años que durante las horas frescas del día a última hora de la tarde, solían colocar sillas de plástico y se reunían alrededor de un tablero de ajedrez. A pesar de la diferencia de edad, unirme a ellos era mi parte favorita del día.

El 10 de noviembre de 2024, alrededor de las 13:35, salí de mi casa. Los niños estaban completamente absortos en sus juegos, y Soso estaba allí, saltando entre cuadros pintados con tiza. A pocos metros, Abu Hadi, Abu Nahed y Abu Ahmad se acurrucaron alrededor del tablero de ajedrez. Abu Hadi me llamó con una voz llena de confianza juguetona para que fuera a ver como ganaba la partida. Tenía genuinamente curiosidad, ya que él nunca ganaba una sola partida. Pero algo me hizo dudar, como una providencia, no me uní a ellos y volví a entrar en mi casa.

Pero 10 minutos más tarde, mi curiosidad me pudo y salí para ver la partida. Me dirigí hacia la puerta para salir a la calle, pero sentí como si todo se derrumbara, una explosión destrozara la calle y me arrojara de vuelta. Trozos de carne se aferraron a mi cara y camisa. Sangre salpicada entraba por nuestra puerta.

Mis brazos temblaban, mis piernas entumecidas. No podía moverme. El mundo se quedó en silencio, excepto por el zumbido en mis oídos y la pesadez aplastando mi pecho. Salí y me dirigí hacia la calle por la calle donde solíamos reunirnos todos los días.

La escena era inefable y horrorosa más allá de cualquier cosa que las palabras pudieran describir. Cuatro o cinco cuerpos estaban inmóviles en el suelo, justo en frente de nuestra casa. No podía seguir adelante. Mis rodillas no respondían. Mi voz se rompió.

Conseguí dar algunos pasos más, y vi a una niña, tumbada en el suelo con parte de su cerebro a la vista en su cabeza. Era Soso. Dos personas con una motocicleta se detuvieron, y se la llevaron al Hospital Nuseirat de Al-Awda.

El polvo se había asentado, y vi la imagen completa de la calle, transformada en algo que todavía no puedo nombrar. Los cuerpos decapitados y desgarrados estaban esparcidos por ahí. No pude reconocer una sola cara. Ni siquiera uno.

Luego vi un cuerpo con una camiseta azul marino que conocía muy bien. Me di cuenta de que era el cuerpo de mi amigo Hisham, del Real

Madrid. Había sido asesinado junto a Abu Hadi y Abu Ahmad que jugaban al ajedrez.

El olor a muerte en Gaza se hizo familiar casi rutinario. La calle que una vez estuvo llena de vida ahora se convirtió en una calle fantasma. Ese ataque aéreo no me mató, pero destruyó algo dentro.

Unos momentos me separaron de la muerte, pero tal vez Dios me eligió para vivir y contar la historia de mis amigos y vecinos.

Día 30
26 de septiembre de 2025

NAZIM HIKMET

Otra noche que hemos pasado tranquila. Seguimos en el extremo oriental del litoral sur de Creta, y ya llevamos tres días con este en la isla. Hoy tampoco salimos a navegar en dirección a Gaza. Según hemos sabido esta mañana, el barco Family, que como es sabido por la prensa, acoge al comité de Coordinación de la Flotilla, se ha averiado irreversiblemente. No podrá continuar el viaje. Por ello, su pasaje y tripulación será repartida entre otros barcos. Al Sirius-Haifa, nos ha correspondido recibir a seis personas más, por lo que en nuestro barco aumentará bastante la fraternidad y el calor humano. Durante todo el día la flota ha estado parada y reorganizándose. Hemos tenido, después de comer una nueva sesión de entrenamiento, esta vez, para caso de fuego y necesidad de abandono del barco por hundimiento. Tengo que decir que nuestro capitán se ha mostrado bastante satisfecho con el entrenamiento. Ya casi vamos dando el pego de ser marinería. Esperamos pasar esta noche también tranquila y nuestro plan, y también nuestra ansia, es salir mañana en línea recta en dirección a Gaza.

Esta estancia en Creta me ha recordado a la flotilla frustrada de 2011. La Asociación Rumbo a Gaza, fletó un barco, al que nombramos Guernica, para que se uniera a la flotilla de la libertad de ese año, llevando una delegación española. Tuvimos anclado al Guernica en el pequeño puerto de Kolymvari, en el litoral norte de la isla, pero el gobierno griego de la época, sumiso a Israel, no nos dejó partir. La delegación española, como protesta, ocupó la embajada española en

Atenas, durante varios días, exigiendo al gobierno, del PSOE, en aquellos momentos, que exigiera al griego nuestra libertad de movimientos, cosa que no conseguimos, ya que, el Guernica, solo pudo salir a navegar tomando rumbo hacia España. La movilización mundial contra el genocidio en Gaza, y el apoyo para la libertad de Palestina, al menos ha conseguido que el gobierno griego no ponga ahora, objeciones a nuestro tránsito por sus aguas territoriales.

Según la mitología griega, es en Creta, donde Teseo, el fundador de Atenas, mató al monstruo Minotauro, un hombre con cabeza de toro, que exigía un tributo humano permanente a los cretenses. Siete jóvenes hombres y siete jóvenes mujeres tenían que ser encerrados constantemente en un laberinto diseñado por el sabio Dédalo. Nadie había conseguido salir del laberinto, y el minotauro iba comiéndose una a una a sus víctimas, hasta que acababa con ellas y exigía otra remesa. Teseo, con el apoyo de su amante Ariadna, que le facilitó un ovillo, que le permitiría salir luego del laberinto, acabó con la maldición del Minotauro. Pienso, que Teseo y Ariadna representan al pueblo palestino, que, con su lucha y el apoyo de la solidaridad del mundo, acabarán con la bestia sionista y los palestinos ya no serán más, asesinados por el monstruo.

Mientras, el genocidio sigue en Gaza, especialmente en Ciudad de Gaza. Durante las últimas veinticuatro horas llegaron a los hospitales de la Franja cuarenta y siete personas muertas y ciento cuarenta y dos heridas. En la Asamblea General de NNUU, donde el genocida Netanyahu, tenía que intervenir y a donde ha viajado sorteando países para no ser detenido, el gran salón de reuniones se quedaba casi vacío cuando este entró para hablar. Quizá sabía que el mundo no lo iba a escuchar, así que ha puesto altavoces por toda Gaza, para que los palestinos si lo oyeran a la fuerza. Una muestra más de la crueldad inhumana del nazi sionista. Ojalá ese rechazo mundial al régimen genocida y a su representante, lo hagan colapsar y se termine la matanza.

En el medio La Intifada electrónica, recojo una de las historias que titulan dentro del conjunto llamado "Las heridas abiertas de la ciudad de Gaza"

Escrito por Ibrahim Nofal

Riyad Nofal, fotógrafo de Jabaliya, ha sido desplazado 14 veces desde que comenzó la guerra genocida de Israel en Gaza hace casi dos años. A pesar de ser constantemente desplazado, Riyad permaneció dentro de la ciudad de Gaza la mayor parte del tiempo. Pero después de que el ejército israelí lanzó una gran invasión terrestre, con la intención de tomar todo el control de la ciudad de Gaza, Riad se vio obligado a trasladarse a Deir al-Balah, en el centro de Gaza.

Riyad, de 69 años, trabajó como fotógrafo durante 43 años y era dueño de un estudio, 12 tiendas y 14 apartamentos. Todos estaban ubicados en Jabaliya, al norte de Gaza.

El 7 de octubre de 2023, el hijo mayor de Riads, Omar, fue asesinado en una masacre en Jabaliya y dejó atrás a nueve niños. Riyad ha estado cuidando de ellos desde entonces.

Otro hijo de Riyad, el fotoperiodista Mohammad, fue asesinado junto a su colega Anas Al-Sharif y otros cinco periodistas cuando Israel atacó su tienda cerca del hospital Al-Shifa el 10 de agosto de 2025.

El 22 de junio de 2025, la esposa de Riads murió a causa de las heridas infligidas cuando la metralla israelí le perforó la cabeza unos días antes.

Durante casi dos años de genocidio israelí, Riad se negó a abandonar todo, hasta que ha tenido que abandonar la ciudad de Gaza.

Riyad dice que se siente destruido, he perdido a mi esposa, a mis dos hijos y he perdido mi salud.

No puede soportar toda esta pérdida, siente que ha cumplido 10 años en dos años de guerra. A veces deseo la muerte, porque es más fácil que esta vida. Para Riyad, la ciudad de Gaza significa la vida. Si la guerra termina, dijo, quiere volver a la ciudad de Gaza y montar una tienda de campaña sobre los escombros, sólo allí me sentiré vivo de nuevo, rodeado de el olor de la gente que amaba.

Esta tarde en el barco he recordado al gran poeta comunista turco, Nazim Hikmet, que pasó catorce años en las cárceles turcas. En una de las huelgas de hambre que hizo en la cárcel, escribió el siguiente poema que dedico a mis compañeros y compañeras de la flotillas, así como a mis camaradas del PCE, que hoy inician su fiesta anual en Madrid, fiesta a la que rara vez he faltado desde 1978.

Hermanos míos:

Yo no tengo la intención de morir.

Si soy asesinado,

Sé que entre ustedes seguiré viviendo:

Yo estaré en los poemas de Aragón

(en su verso que canta la dicha del futuro),

Yo estaré en la paloma de la paz, de Picasso,

Yo estaré en las canciones de Paul Robeson

Y, sobre todo

y lo que es más hermoso:

Yo estaré en la triunfante risa del camarada,

Entre los cargadores portuarios de Marsella.

Para decirles la verdad, hermanos,

Yo soy feliz, feliz a rienda suelta.

Día 32
28 de septiembre de 2025

AHÍ VIENEN NUESTROS BARCOS DE LA LIBERTAD

Noche agitada, pero no porque hayamos recibido visitas indeseables, sino porque la mar ha estado revuelta, y nos ha costado dormir. Por la mañana, seguía el mar movido, pero conforme entramos en lo que es ya el último tramo del mediterráneo oriental, el mar se ha ido calmando y la travesía muy cómoda.

Hemos tenido una reunión a las once y media de la mañana donde se ha valorado los posibles escenarios, y estamos en la creencia, no en la ciencia, de que es más probable el escenario de que estén organizando ya el secuestro de naves y pasajeros para llevarlos detenidos a Israel, que el escenario de seguir tirando bombas aturdidoras o inflamables a los barcos. Esta noche tendremos la posibilidad de ver si esto es cierto. En caso de que quieran raptarnos lo más probable es que elijan el martes, sin descartar el lunes y el miércoles. Si éste último día no somos detenidos, el jueves estaremos llegando a Gaza.

Se ha hecho también una presentación formal de l@s nuevo@s compañer@s que vienen del barco Family. Finalmente son cinco. Una compañera turca, que es traductora de literatura europea al turco. Un documentalista español del País Valenciá, pero de padre sirio y madre palestina. Sofía, una actriz portuguesa, un compañero irlandés, que resulta que es el mejor mecánico de toda la flotilla y la compañera Ada, exalcaldesa de Barcelona y activista de DDHH. Durante la mañana el motor del barco se ha parado tres veces, y nuestro héroe irlandés, junto a nuestra ingeniera Celia, lo han echado nuevamente a andar y nos han dicho que estemos tranquilos, que el motor va bien.

Nos ha emocionado un vídeo que un grupo de jóvenes y de niños han grabado una canción, en la playa de Gaza y lo han enviado a la flotilla. La canción viene a decir, más o menos lo siguiente: "La flotilla ha escuchado la llamada de Gaza, ahí vienen nuestros barcos de la libertad, con ellos, nuestra voluntad que es fuerte se hace más fuerte. Os esperamos que lleguéis, vigorosos y con salud." El vídeo lo podéis ver en mi dirección de Facebook: https://www.facebook.com/share/v/1CoSE9o6CS/

Mientras sigue el genocidio, especialmente en ciudad de Gaza. El Ministerio de Salud en Gaza reportó este domingo, que 79 personas fueron asesinadas y 379 heridas en las últimas 24 horas. Numerosas víctimas permanecen bajo los escombros y en las carreteras, debido a la imposibilidad de que los equipos de ambulancia y defensa civil puedan acceder a las zonas atacadas.

Mañana lunes, 29 de septiembre, se reúne Trump con Netanyahu, los dos compadres genocidas. Teóricamente, se trata de que Trump presente su plan de paz de 21 puntos, para la aprobación de Netanyahu. Este plan, ya fue presentado el martes pasado a un grupo de países árabes y musulmanes, en concreto, Qatar, Arabia Saudita, Egipto, Jordania, Indonesia y Turquía.

El plan, publicado hoy por al Jazeera, básicamente propone un gobierno provisional en Gaza, llamado Autoridad Internacional de Transición de Gaza (GITA), que estaría presidido por Toni Blair; si, el criminal de guerra que junto a Bush hijo y Aznar, destruyeron Irak y causaron más de un millón de víctimas. Este gobierno tendría una vigencia de 5 años y prepararía las condiciones para la creación de un estado palestino. ¡¡La misma promesa que los acuerdos de Oslo de 1992!!

Hamás sería desarmada, y una fuerza militar árabe-musulmana tendría el control de Gaza, compartido en algunas zonas con Israel.

Los prisioneros israelíes en poder de Hamás, serían liberados y también un grupo de prisioneros palestinos, sin especificación de cantidad.

A cambio habría un alto el fuego indefinido y empezaría a entrar ayuda humanitaria suficiente a Gaza, eso sí, con el control de los pistoleros de GHF, la Fundación Humanitaria de Gaza, un engendro de Trump que ha estado disparando sistemáticamente a las colas de personas desesperadas que iban a buscar comida.

Cisjordania no sería anexionada por Israel, pueden seguir anexionándola poco a poco con la expansión de las colonias sionistas, y la población de Gaza podría seguir viviendo en la franja, manteniendo su estatus de la mayor prisión del mundo a cielo abierto.

Prabowo Subianto, el presidente de Indonesia, el país con la mayor población musulmana dijo que su país estaba listo para enviar miles de soldados para constituir las fuerzas de mantenimiento de la paz, y el presidente egipcio también ha confirmado su apoyo al plan.

En definitiva, se pretende, aceptar el alto el fuego y la entrada de ayuda humanitaria, a cambio de la libertad de los israelíes presos, el desarme de Hamás, y el mantenimiento del status quo en la zona, de manera que el genocidio le saldría gratis al régimen sionista, mientras que la libertad de Palestina seguiría siendo un proyecto. Todo seguiría igual, excepto que habría un cese del fuego y entrada de ayuda humanitaria. Los elementos mas negativos que han provocado una rebelión mundial contra Israel y EEUU.

Esperamos que la presión de la lucha popular global y el empuje de la mayoría de los países de NNUU, hagan fracasar este proyecto y traigan junto al cese el fuego y el establecimiento del corredor humanitario, un proyecto de libertad para Palestina y el fin del proyecto colonial sionista.

Ahora mismo nos dirigimos hacia Gaza, cuarenta y dos barcos de la Global Sumud Flotilla. Si continuamos el viaje sin contratiempo, mañana estaríamos acercándonos a la costa egipcia, en la zona de Alejandría. Otros ocho barcos de la Flotilla de la Libertad, que salieron anoche día 27, desde Catania, en Sicilia, se acercarán mañana a las costas de Grecia, y otro barco más, el Omar Muhktar que viene de Libia, y no está muy lejos de nuestra posición, también se dirige a Gaza. Allí en la playa, esperan los barcos de la libertad.

Día 33
29 de septiembre de 2025

TODO PARA EL PUEBLO, PERO SIN EL PUEBLO

La noche ha sido tranquila, nadie ha venido a molestarnos y el mar ha estado en calma. Antes de acostarnos, alrededor nuestra había multitud de luces, de los pequeños veleros que nos acompañan. Como dicen Juan Bordera, que hoy ha cumplido años a bordo del Sirius-Haifa, las espléndidas estrellas que nos iluminan por la noche deben de tener envidia de esas estrellas que lucen en el mar, allá abajo en el mediterráneo y que viajan rumbo a Gaza.

Por la mañana temprano en torno a los 8 de la mañana, hora de nuestra zona, hemos tenido un parón. El barco Johnny M, con entrada de agua; El CPT Nikos, con falla del motor; y el Lady Fair, con problemas eléctricos, están averiados y toda la flotilla ha parado. Finalmente, el Johnny M, se ha dado por perdido, y un@s pasajer@s han pasado a otros barcos y otr@s han sido evacuad@s a tierra gracias al apoyo de barcos de la Medialuna Roja de Turquía.

Sobre las once y media de la mañana tenemos reunión. A pesar del parón de varias horas por la avería de tres barcos, mantenemos el horario previsto y se considera que probablemente, el momento que elija la armada sionista para secuestrar nuestra flotilla, sea mañana martes por la noche, o seguramente ya el miércoles de madrugada.

El resto del día hemos tenido las habituales tareas de mantenimiento de la vida en el barco y no hemos celebrado más reuniones porque se ha dado prioridad a las reuniones online del comité de dirección con todos los responsables y capitanes de barcos, organizando las respuestas a los escenarios complejos que se pueden presentar mañana o pasado. Ya desde el anochecer se han visto drones merodeando por distintas embarcaciones. Parece que solo tratan de monitorear al conjunto de embarcaciones y concretar como van a organizar el operativo para secuestrarlas a todas y con ellas, a todas las personas que vamos navegando.

Mientras esperamos los resultados de la reunión Trump-Netanyahu y el acuerdo sobre el plan de paz, vemos en la prensa la gran movilización del pueblo marroquí, iniciada hace dos días, protestando contra el gobierno y la monarquía absolutista, en reclamación de servicios sociales mínimos, trabajo y mejora de condiciones de vida. El detonante de estas protestas se remonta a la crisis crónica en los servicios públicos marroquíes. En el sector sanitario, el colapso es evidente: el hospital Hassan II de Agadir ha sido escenario de tragedias recientes, como la muerte de seis mujeres embarazadas en septiembre debido a la falta de atención adecuada. Dos años después del devastador terremoto de 2023, miles de familias siguen viviendo en campamentos improvisados sin acceso a atención básica.

En el ámbito educativo, no hay ni infraestructuras ni profesorado suficiente. El desempleo juvenil alcanza el 36,7% entre los 15 y 24 años, llegando casi el 50% en algunas zonas.

Los organizadores de las movilizaciones, agrupados bajo el colectivo «Genz212» –una iniciativa sin afiliación política ni sindical–, convocaron las manifestaciones para el 27 y 28 de septiembre en múltiples ciudades. En redes sociales, el lema «No queremos un Mundial, queremos hospitales» se ha viralizado, criticando la priorización de eventos deportivos como la Copa del Mundo de 2030 sobre necesidades básicas de la población.

La respuesta del gobierno ha sido la usual en Marruecos, detenciones, que suelen acarrear años de cárcel, policías confiscando teléfonos, atropellando con motos a manifestantes y atacando a los periodistas.

Genz212 ha anunciado que «es solo el comienzo de un camino de lucha», convocando más movilizaciones. La juventud, organizada a través de las redes, puede sentar las bases para un cambio de régimen en Marruecos. Régimen, que mientras mantiene a su pueblo en la miseria, ha apoyado el genocidio en Palestina, tiene fuertes vínculos con Israel y EEUU, y fue unos de los pocos países que no abandonó el salón de Naciones Unidas antes del discurso de Netanyahu.

La reunión entre Netanyahu y Trump comenzó con la disculpa, por teléfono, de Netanyahu, con el gobierno de Qatar, por el ataque que lanzó el pasado día 9 de septiembre, en Doha contra los líderes de Hamás. Enseguida, el ministro israelí de Seguridad Nacional, Itamar Ben-Gvir, le llevó la contraria, en los medios de comunicación, a Netanyahu, aseverando que los ataques fueron justos y necesarios y que Qatar es un país amigo de los terroristas.

Este comienzo de la reunión ya determinaba el acuerdo de Netanyahu con el plan de paz de Trump, al que también le han dado el visto bueno, excepto Turquía que no se ha pronunciado públicamente, los países árabes e islámicos que se reunieron el 23 de septiembre con Trump.

El plan de Trump, consiste en que habrá un intercambio de prisioneros, entrada de ayuda humanitaria y alto el fuego permanente, siempre que Hamás entregue las armas y su militancia, o se exilie o pida la amnistía. Los habitantes de Gaza pueden seguir en Gaza, que será reconstruida (con dinero árabe). Gaza la gobernará un gobierno bajo control de Trump y con Toni Blair a la cabeza. El estado palestino se fija ad calendas graecas, y Cisjordania ni se nombra en el acuerdo. Las monarquías árabes, que una y otra vez han traicionado al pueblo palestino, vuelven a entregarlo maniatado a la dominación israelí. Por supuesto no se habla del genocidio israelí, ni de exigencias de juicios a los criminales de guerra, ni de exigencias de reparación al pueblo de Gaza de la destrucción planificada por el régimen sionista.

Estamos ante la solución del genocidio del pueblo de Gaza, pero sin preguntarle al pueblo de Gaza. Pero el pueblo tendrá la última palabra.

Mientras se hablaba del plan de paz, seguía la matanza en Gaza. Al menos 50 personas han muerto en distintos puntos Gaza durante las últimas 24 horas, según la información de Al Jazeera, la mayoría de ellas en las primeras horas de este 29 de septiembre.

El Comité Internacional para Romper el Bloqueo de Gaza anunció que la Flotilla Global Sumud se encuentra a tan solo 570 km de Gaza. Se prevé que la flotilla, compuesta por unos 45 barcos, incluyendo el buque libio Omar al-Mukhtar, llegue a la Franja de Gaza en un plazo de tres días. Otros ocho barcos adicionales partieron de Italia el sábado por la noche, y otro más, destinado a transportar periodistas y médicos, zarpará el próximo miércoles.

Si de verdad quieren la paz, esperamos que nos dejen navegar hasta Gaza, respetando nuestro derecho a la libre circulación y las normas internacionales.

NOTA INFORMATIVA SOBRE LA PROPUESTA DE PAZ DE TRUMP. 29/09/2025

Un análisis de la propuesta de paz de Trump, que comparto a grandes rasgos.

Por Ramzy Baroud y Romana Rubeo en https://www.palestinechronicle.com/

Todavía es demasiado pronto para emitir un veredicto final con respecto a la propuesta del presidente de Estados Unidos, Donald Trump, de poner fin a la guerra israelí y el genocidio en Gaza.

Desde hace varios días, las filtraciones sobre la naturaleza de la propuesta han sido distribuidas en los medios de comunicación, atribuidas en su mayoría a funcionarios anónimos de Estados Unidos.

El lunes, la Casa Blanca finalmente reveló los principales puntos fuertes del plan. La esencia también fue presentada por el propio Trump durante una conferencia de conjunta con el primer ministro israelí, Benjamin Netanyahu, en Washington.

Incluso entonces, las contradicciones seguían aflorando. Por ejemplo, la última versión de la propuesta exige que la Resistencia Palestina deje sus armas, mientras que las filtraciones anteriores se refieren específicamente a que Hamas renunciaba a acciones militares.

Hasta ahora, ni Hamas ni ninguna otra parte dentro de la Resistencia Palestina ha emitido una respuesta formal. Anteriormente, sin embargo, el alto funcionario de Hamás, Husam Badran le dijo a Al-Jazeera que el ex Primer Ministro británico Tony Blair, del que ampliamente se rumoreaba que iba a desempeñar un papel en la reconstrucción yen los mecanismos de transición, no era bienvenido en Gaza bajo ninguna circunstancia.

Teniendo esto en cuenta, aquí están algunos comentarios iniciales sobre la propuesta y si no cumple con las expectativas de Israel y la Resistencia Palestina.

Lo positivo:

En primer lugar, Israel no ocupará ni se anexará la Franja de Gaza.

Si tanto Washington como Tel Aviv son genuinos sobre este punto, sería un gran logro para la Resistencia Palestina. Desde el comienzo del genocidio, los grupos palestinos han declarado repetidamente que no se permitirá que Israel ocupe ni un centímetro de Gaza.

Netanyahu también ha declarado incontables veces que el objetivo final de Israel es el control total sobre la Franja y que no cederá a esta demanda. Si Trump planea que lo obligue a hacerlo, marcaría un revés decisivo para los objetivos de la guerra de Israel.

En segundo lugar, nadie será obligado a salir de Gaza, y los que se vayan tendrán derecho a regresar.

Esto también es un logro notable para los palestinos, teniendo en cuenta que el objetivo a largo plazo de Israel ha sido la despoblación de Gaza. Los líderes y funcionarios israelíes han presentado propuestas abierta y repetidas para el traslado masivo de los habitantes de Gaza a Egipto y otros países.

Los palestinos son muy conscientes de que una segunda Nakba devastaría su proyecto nacional. Gaza es el corazón palpitante de la resistencia palestina; su limpieza étnica paralizaría el movimiento de liberación palestino más amplio y permitiría a Israel cambiar su enfoque enteramente a Cisjordania. Por lo tanto, prevenir este resultado es un éxito estratégico.

En tercer lugar, se permitirá la entrada de ayuda en Gaza sin trabas por conducto de las Naciones Unidas y sus organismos afiliados.

Este es otro beneficio importante, no sólo para los palestinos, sino también para la comunidad internacional, que ha rechazado sistemáticamente los intentos entre Estados Unidos e Israel de dejar de lado a UNRWA y reemplazarlo por entidades sospechosas, como la llamada Fundación Humanitaria de Gaza (GHF).

Si esta disposición se aplica, revertirá la campaña de Israel durante años contra la UNRWA y reafirmará la centralidad de las Naciones Unidas en la entrega de ayuda humanitaria a los palestinos.

Lo negativo:

En primer lugar, el establecimiento de la Junta de Paz, un nuevo órgano internacional que supervisaría la reconstrucción de Gaza. Al parecer, el organismo será presidido por el propio Trump, con la participación del ex Blair, el yerno de Trump, Jared Kushner, y sus socios regionales.

Dada la tristemente trayectoria de Blair en el Medio Oriente, su apoyo inquebrantable a Israel, y sus estrechos vínculos con Netanyahu, tal mecanismo casi con toda seguridad sesgaría los esfuerzos de reconstrucción para servir a los intereses israelíes y empoderar a los actores oportunistas dentro de Gaza. Fuentes locales ya han expresado sus temores de que esto pueda implicar redes criminales y empresarios alineados con figuras criminales como Yasser Abu Shabab.

Este es un punto problemático, y será difícil decidir. Técnicamente, la Resistencia deja sus armas cuando no hay una guerra mayor o una escalada militar, y sólo las recoge de algunas excepciones cuando Israel lanza una agresión importante contra la Franja.

Dado que las facciones palestinas no operan abiertamente, ni almacenan sus armas en arsenales públicamente conocidos, no está claro cómo podrían siquiera comenzar a verificar un proceso de este tipo. En principio, sin embargo, esta condición daría a Netanyahu un pretexto para presentar la propuesta como una victoria, aunque nada concreto hubiera cambiado sobre el terreno.

En tercer lugar, el ultimátum de 72 horas y la retirada gradual de Israel.

Según la propuesta, los palestinos deben liberar a todos los cautivos israelíes en un plazo de 72 horas sin ninguna garantía de que Israel cumplirá sus propias obligaciones, incluida la retirada total y la liberación de miles de prisioneros palestinos.

Dada la larga historia de Netanyahus de violar los acuerdos de alto el fuego, es muy poco probable que la Resistencia acepte esta cláusula sin garantías concretas. Para ellos, el riesgo de ceder su base de negociación más fuerte sin garantías vinculantes a cambio, sería demasiado arriesgado.

Lo feo:

El contexto más amplio hace que la propuesta sea aún más dudosa. El genocidio israelí en Gaza ha sido permitido desde el punto vista militar, político y financiero por dos sucesivas administraciones estadounidenses. Washington permitió a Israel violar repetidamente el alto el fuego de enero de marzo, dejando sin sentido las garantías estadounidenses.

Además, los Estados Unidos no han logrado contener las escaladas regionales de Israel. Israel ha expandido el conflicto en el Líbano, Yemen, Siria e Irán sin ninguna objeción real de EE. UU., de hecho, con el apoyo total de los Estados Unidos.

El 9 de septiembre, EE. UU. incluso permitió a Netanyahu bombardear a su aliado más cercano fuera de la OTAN,

Qatar, a pesar de que las fuerzas estadounidenses estaban estacionadas a poca distancia de la zona que Israel atacó con total impunidad.

Con este telón de fondo, es difícil ver a los EE.UU. como un garante neutral o defensivo. En cambio, esta propuesta bien puede ser una maniobra política para lograr a través de la diplomacia lo que Israel no ha logrado de manera militar: el debilitamiento o la eliminación de la Resistencia Palestina.

Israel debe liberar a todos los prisioneros palestinos, devolver todas las tierras robadas, pagar reparaciones a todos los palestinos, pagar todos los costos de reconstrucción y reconocer al estado palestino. Sólo entonces puede haber paz.

Día 34
30 de septiembre de 2025

MUSAB

Nuevamente hemos pasado una noche tranquila. Ayer se avistaron varios drones en distintos barcos, pero eran de observación. Creo que vinieron a ver qué es lo que hacía falta para organizar una fiesta noche.

Sobre las diez y media de la mañana hemos tenido asamblea en el barco. Nos comunican que, manteniendo la velocidad que llevamos, unas 4,5 millas por hora, lo cual, es ir despacito, esta noche sobre las cuatro de la madrugada, estaríamos a 150 millas de Gaza, por lo que suponemos que la armada del régimen sionista intente abordarnos y secuestrarnos, en torno a esa hora, un poquito antes o un poquito después.

Los barcos italianos deben saberlo, porque ya se han dado la vuelta hacia Italia, y al Furor español, aún no le hemos visto el pelo. Suponemos que llegará cuando todo se haya decidido, o bien porque nos secuestran o bien porque llegamos a Gaza. El barco de guerra turco, que ayer ya socorrió a la nave Johnny M, que tenía una vía de agua y que evacuó a cuatro tripulantes hacia Turquía, mientras otros ocho era repartidos entre otras naves, si se mantiene cerca de la flotilla, habiendo manifestado que nos acompañarán hasta donde lleguemos.

También esta mañana, el ministro de relaciones exteriores de Israel, ha hecho público un comunicado, según el cual, se han encontrado documentos en Gaza, que demuestran la participación directa de Hamas en la organización y financiación de una flotilla que busca romper el bloqueo israelí de la Franja.

Esta nota puede verse en el Jerusalén Post, (www.jpost.com), donde se nombra a algunas personas dirigentes de la Flotilla, como agentes de Hamás. Entre ellos se cita a uno de los responsables de la delegación española en la flotilla, Saif Abukeshek, palestino nacido en Nablus, Cisjordania, pero residente en Barcelona desde hace veintitres años y con pasaporte español. Quieren criminalizar a gente como él, que están en la vanguardia de la organización de la lucha en defensa de los derechos del pueblo palestino. Como saben que no pueden meter presos a unas 500 personas, activistas procedentes de más de 50 países, están preparando el escarmiento, como chivos expiatorios, de la gente más comprometida con el movimiento. Vamos a seguir luchando pase lo que pase contra el genocidio en Palestina y contra la represión del movimiento mundial de solidaridad, por distintos países del occidente rico aliado del régimen sionista.

En las últimas veinticuatro horas, 42 cadáveres y 190 heridos llegaron a hospitales de la Franja de Gaza, según el Ministerio de Salud de Gaza, mientras que cinco palestinos murieron y 56 resultaron heridos mientras buscaban ayuda alimentaria.

Ejemplos de cómo golpea la hambruna en Gaza. Fedaa al-Qedra, periodista. La Intifada Electrónica. 29 de septiembre de 2025

En una sala superpoblada llena de pacientes en el Hospital Al-Shifa de la ciudad de Gaza, Musab al-Dibs yacía en una cama a finales de julio, su cuerpo frágil, sus ojos abultados, sus brazos y piernas más delgados que los dedos.

Apenas estaba consciente. Pero después de meses en coma, fue un progreso.

Musab, de 14 años, sufre de desnutrición severa que ha causado graves complicaciones en su salud, incluyendo una drástica pérdida de peso, alta temperatura corporal y pérdida del conocimiento.

Su madre, Sehnaj, de 46 años, intentaba alimentarlo. Ella estaba usando una jeringa llena de verduras puré que había obtenido de la farmacia del hospital.

Fue el único tratamiento disponible para Musab dado el colapso del sistema de salud de Gaza, la grave escasez de medicamentos y la ausencia casi total de alimentos.

Musab había resultado gravemente herido en la cabeza el 7 de mayo cuando un ataque aéreo israelí golpeó cerca de la tienda de su familia en la ciudad de Beit Lahiya, en el norte de Gaza. Fue llevado de urgencia al Hospital de Indonesia, donde fue internado en cuidados intensivos debido a la gravedad de sus heridas.

El 17 de mayo, las fuerzas israelíes sitiaron el hospital, dejando a Musab junto con el personal del hospital y otros pacientes atrapados en el interior durante 20 días con poca atención médica.

El hospital no tenía líquidos intravenosos, ni medicamentos. La condición de Musabs se deterioró gravemente.

Los que pudieron, evacuaron a sus seres queridos de cualquier manera posible. No fue hasta junio, sin embargo, que la Organización Mundial de la Salud (OMS) logró trasladar Musab al Hospital Al-Shifa. Su condición era impactante tanto para su madre como para los médicos allí.

Su apariencia había cambiado completamente. No pude reconocer a mi propio hijo, dijo Sehnaj, su madre.

Las condiciones en Al-Shifa no fueron mucho mejores, con recursos mínimos y una aguda escasez de medicamentos. Según Sehnaj, lo único que puede proporcionar el hospital son pequeñas porciones de puré de suplementos de frutas o verduras.

El tratamiento de Musab es la comida. Necesita frutas, verduras, carne, leche y una dieta saludable y equilibrada. Los suplementos son sólo eso, un suplemento, no el núcleo de su nutrición. Pero no hay nada disponible en los mercados, e incluso si se encuentra algo, los precios están fuera de nuestro alcance.

Son ya las 22:00h, en el Sirius-Haifa. Estamos sobrepasando la perpendicular de el Cairo. Tenemos Gaza cerca. En junio pasado, fue la policía egipcia, por mandado de Al Sisi, a su vez mandado por Netanyahu, la que nos impidió llegar a Gaza. En esta ocasión, nos enfrentamos directamente a Netanyahu, veremos lo que pasa.

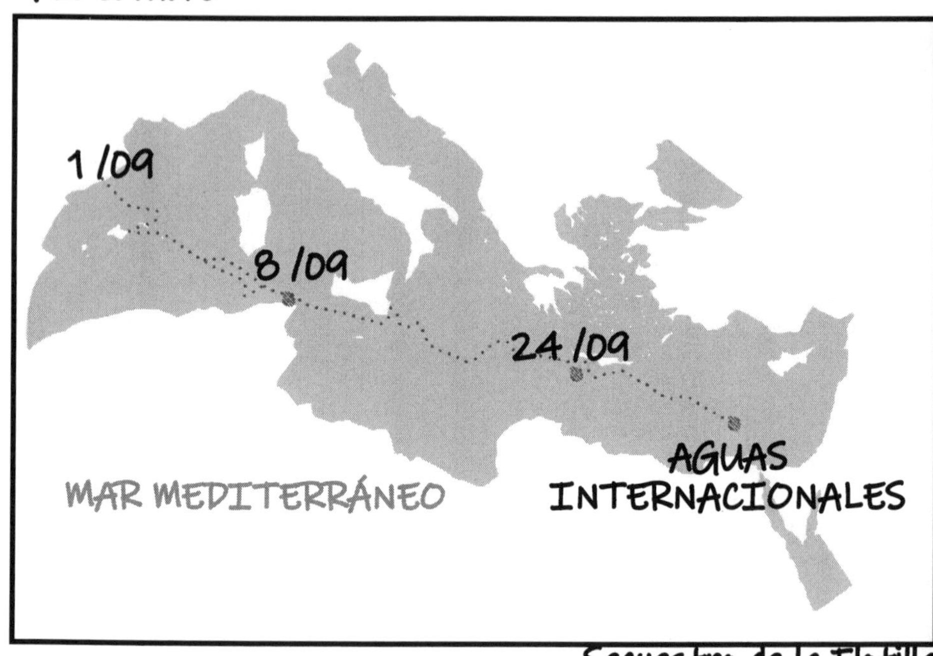
1 de octubre
1/09
8/09
24/09
AGUAS
INTERNACIONALES
MAR MEDITERRÁNEO
Secuestro de la Flotilla

Día 35

NOTA URGENTE MADRUGADA Del 30 de septiembre al 1 de octubre

SIN COMUNICACIÓN. PROBABLE INTERCEPTACIÓN Y SECUESTRO DE LA GLOBAL SUMUD FLOTILLA.

Esta noche pasada ha sido muy agitada. A las dos y media horas de la noche aproximadamente, sonó la alarma de alerta, cumpliendo el protocolo todo el pasaje subió a cubierta con sus chalecos salvavidas, pasaportes, móviles y demás requisitos que tenemos previstos. Nos informaron que había un buque grande cerca y que probablemente sería el buque de guerra previsto por el régimen israelí para llevarnos a todas presas a tierra. Sin embargo, después de una hora de espera, se desactivó la alarma porque el buque no apareció, y volvimos a las zonas de descanso para seguir durmiendo.

Sobre las seis y media horas volvió a sonar la alarma y volvimos a repetir el protocolo subiendo a cubierta. En esta ocasión, ya era casi de día y pudimos ver perfectamente a un barco israelí, una especie de cañonera, no muy grande. También desde el puente de mando nos informaron que también había un submarino cerca de nuestro barco y que además nos habían cortado todas las comunicaciones. Pensamos que el abordaje era inminente. Yo tiré mi móvil y mi ordenador por la borda, quedándome completamente incomunicado. Sin embargo, los israelíes se fueron y las señales de comunicación volvieron y después de otra hora de espera volvimos a desactivar el estado de alerta y continuamos navegando hacia Gaza.

Gracias a que otr@s compañer@s mantuvieron aún sus móviles, puedo al menos mandaros unas letras. Ahora mismo nuestra hora local son las diez y cuarto de la mañana. Y estamos a menos de 130 millas de Gaza. La duda, generalizada que tenemos, es si la armada sionista volverá dentro de varias horas e intentarán secuestrarnos a plena luz de día, o si esperarán a la noche, asumiendo que ya estaremos muy cerca de Gaza. Si el diario acaba aquí, es que han vuelto de día, y si puedo continuar escribiendo al caer la noche, entonces es que habrán preparado el operativo para la madrugada que viene. Si no nos paran, mañana llegamos a Gaza.

Día 35
1 de octubre de 2025

LA GLOBAL SUMUD FLOTILLA ESTA SIENDO SECUESTRADA.

Una gran mayoría del pasaje, hemos dedicado la mañana a descansar de la a falta de sueño de esta madrugada y en previsión de lo que nos espera la próxima, así se nos aconsejaba. Alrededor de las tres de la tarde nos quedaban menos de 100 millas de viaje para llegar a Gaza.

A lo largo de la travesía, Serigne, con una vista extraordinaria, que fue capitán de un pesquero en Senegal, avista, antes que nadie dos buques grandes a lo lejos. Conforme nos acercamos, desde el puente nos indican que son cargueros que van en otra dirección. No hay que olvidar que estamos cerca de la salida del canal de Suez al Mediterráneo, por donde siguen cruzando muchos cargueros siempre que no vayan a llevar mercancías a Israel, ya que en ese caso son bombardeados por las fuerzas hutíes de Yemen, que continúan con su embargo a Israel mientras continúe el genocidio.

Durante la travesía, hacemos intercambio o trueque de cosas que necesitamos de un barco a otro. Son momentos alegres esos encuentros fugaces entre distintos barcos de la flota. Se aprovecha para saludarnos y compartir la alegría del viaje. A veces ha habido algún percance menor al chocar en el acercamiento al no controlar bien la maniobra.

Sobre las cinco de la tarde estamos a 74 millas de la costa de Gaza. En un par de horas oscurecerá en esta zona del mediterráneo y la bestia intentará cazarnos. Parece mentira que a pocos km de aquí, más de dos millones personas estén sometidas a un genocidio, que se cobra sistemáticamente todos los días, al menos una cincuentena de personas muertas y cientos heridas, por bombardeos a una población civil que no tiene donde esconderse y que además es víctima también de la falta de comida, agua y medicinas. El pueblo de Gaza lucha todos los días contra la muerte intentando con tenacidad, preservar el mayor número de vidas. Apenas si nos queda poco más de una hora de luz. Si seguimos nuestra marcha, mañana llegaremos a Gaza sobre las 10 de la mañana. Ya estamos a la altura la península del Sinaí.

Con la puesta del sol, nos hemos hecho una foto de grupo, de todo el barco, primero en popa y luego en proa. Han sido momentos emotivos y de alegría porque sabemos que estamos llegando al fin del viaje. Después hemos tenido una pequeña reunión, donde nuestro instructor de estos días, ha manifestado que después de la experiencia de esta madrugada pasada, toda la tripulación está preparada para lo que ocurra esta noche. Cierro aquel diario, teniendo

Nos van a interceptar probablemente ahora.

Último apunte del diario.
8 de octubre de 2025

AQUÍ NO TENEMOS MÉDICOS PARA ANIMALES

El pasado día 1 de octubre, sobre las ocho y media horas cerré bruscamente el diario. Había sonado la señal de alarma y todo el pasaje y tripulación acudimos a nuestro puesto, asignado previamente en la parte de proa de la cubierta. Como habíamos sospechado, y dado lo avanzado que estábamos en la dirección a Gaza, la marina de guerra sionista, enseguida que oscureció, inició el operativo de asalto a nuestros pequeños y frágiles barcos.

El Sirius fue el segundo barco que abordaron después del Alma. Sería algo más tarde de las nueve horas de la noche. Una cañonera, similar a la que nos había visitado de madrugada, ese mismo día 1, se acercó a nuestra nave y viendo que estábamos tod@s a la vista en cubierta y en una posición de rendición, nos comunicaron por megafonía que si hacíamos algún tipo de movimiento entenderían que estábamos oponiendo resistencia al asalto. Poco después empezaron a subir al barco. Previamente ya habían inhibido todas nuestras señales de comunicación. No obstante, lo primero que hicieron al subir el barco fue cortar el cable desde donde recibíamos la señal de wifi, vía satélite. Contaron a todas las personas que estábamos en posición de rendición con las manos en alto, registraron todo el barco, y a partir de ahí se hicieron cargo de la marcha de éste, modificando la dirección hacia el noreste, buscando el puerto de Asdod, a unos 40 km al norte de la frontera de Gaza. Era una dotación de unos quince soldados, la mayoría muy jóvenes y varias mujeres entre ellos.

Desde esa hora, hasta las doce de la mañana aproximadamente, o sea algo más de catorce horas, estuvimos en cubierta del barco, sin movernos, con el salvavidas puesto y dando cabezadas de sueño. Es cierto que después de amanecer nos ofrecieron botellas de agua, incluso galletas de las que almacenábamos en nuestra despensa. Nadie quiso aceptar comida, y solo algunas compañer@s aceptaron agua cuando empezó a apretar el sol. Cuando vieron que el agua se usaba para mojar la cabeza y combatir el sol nos propusieron bajar a la bodega, lugar que usábamos de dormitorio habitualmente, para evitar el calor. A la cubierta habíamos subido, cuando sonó la alarma, solo con nuestros móviles, pasaporte, ropa para combatir el frío de la noche y los salvavidas. Todos los equipajes, guardado en mochilas, los habíamos dejado en la bodega. Nos sorprendimos bastante, cuando al bajar, todas las mochilas habían desaparecido y nunca más las vimos. Al menos, en la bodega, nos permitieron tendernos, y pudimos dormir y descansar aproximadamente hasta las cuatro horas de la tarde. A esa hora nos ordenaron que subiéramos otra vez a cubierta y descubrimos que ya estábamos en el exterior del puerto de Asdod. A pesar de ello no quisieron entrar en puerto y atracar, por lo menos hasta una hora después.

Una vez desembarcados nos llevaron a una zona del muelle, que estaba compartimentada por contenedores, situados en perpendicular a la estación portuaria, y la línea paralela a la estación la cubrían con unas vallas altas con una especie de malla de rafia negra, que impedía la visión de nuestra detención allí dentro. Era como una especie de celda enorme, a cielo abierto, y había varias de ellas. La que estaba cerca de la entrada a la estación era la primera "celda" y continuaban varias más.

Nada más desembarcar en el muelle, notamos la diferencia entre los soldados que nos habían custodiados y los policías que se hacían cargo de nosotr@s. Al poner el pie en el muelle, nos llevaban a empujones a la zona donde continuábamos la fila de personas detenidas y desembarcadas antes, y éramos obligadas a ponernos en cuclillas con la cabeza bajada hacia el suelo. Las personas que no bajaban suficientemente la cabeza eran agredidas, obligándolas a golpes a que la posición de sumisión fuera la correcta. Una vez me vi en el suelo, en esa posición sentí cierto pánico. Me imaginaba que nos fueran a tener así toda la noche, y mis condiciones físicas me lo impedían. Ni podía doblar bien las piernas, ni podía tener la espalda sin apoyo. Pensé que llegaría un momento que me vencería el cansancio y me obligarían a palos a guardar la posición correcta.

Tampoco era que todos los soldados que tomaron los barcos fueran más amables que los policías. Llevaban instrucciones precisas y como ejemplo significativo el que ocurrió con Miguelón, un compañero vasco, pacifista de toda la vida, promotor de tejido cooperativo y defensor de colectivos de inmigrantes en Euskadi; también con una trayectoria larga de apoyo a las distintas flotillas que han intentado romper el bloqueo a Gaza desde su imposición en 2007. El mando de los soldados que tomaron su barco entró preguntado por él, y cuando se identificó, le doblaron el brazo hacia atrás, lo tiraron al suelo, y le estuvieron golpeando contra él.

Tuve la suerte, y respiré aliviado, cuando entré con los primeros grupos en la estación portuaria. Esta la habían convertido en una gran comisaría, donde primero nos cacheaban y examinaban las cosas que llevábamos, porque en algunos barcos si permitieron que la gente se llevara su equipaje. Luego pasábamos a la zona de fichaje, donde nos tomaban las huellas dactilares y nos hacían las fotos de presos y por último pasábamos por una de las veinticinco mesas, donde un juez, nos informaba a través de un intérprete, que estábamos detenid@s por haber infringido la prohibición de entrar en aguas internacionales que el régimen de Israel, de manera unilateral, y sin ninguna autorización de NNUU, había decidido que no se podía entrar. La vulneración de esa prohibición, la consideraban entrada ilegal en Israel con la consecuencia de que las personas que lo habían hecho estarían 72 horas detenidas en una cárcel y luego serían expulsadas del país.

Mientras tanto, en el exterior, nuestra gente que seguía en cuclillas, recibieron la visita del ministro de Seguridad, Itamar Ben-Gvir, que, con guardaespaldas, aunque había más policías que presos, fue gritando entre las filas de gente arrodillada en el suelo, que eran terroristas y que iban a ser tratadas como terroristas. Se acercó donde había dos presos que eran judíos estadounidenses, participantes en la flotilla, y personas notorias en su país por condenar el sionismo y defender al pueblo palestino, y pretendió hacerse una foto con los "judíos malos" humillados en el suelo, y él, como el judío bueno, defensor del estado sionista de Israel. Sin embargo, los malos, desde el suelo, le escupieron en los pies y toda la gente humillada, en todo el puerto, empezó a gritar "Free Palestine". El resultado es que, el ministro se fue con el rabo entre las piernas, pero la policía empeoró la situación de los presos. Maniataron con bridas a todo el mundo, con las manos en la espalda, empeorando su equilibrio en el suelo, y golpearon a las personas que caían rendidas al suelo, obligándolas a mantener la posición.

Por suerte, yo ya había pasado el paripé del control judicial, y junto a otras personas fuimos conducidas a la cárcel de Ktziot, ubicada a algo más de 120 km al sur del puerto, en pleno desierto del Neguev. Esta es la cárcel más grande del mundo, que abarca 400.000 metros cuadrados; por allí han pasado el 75% de los palestinos detenidos por el ejército durante la primera intifada, y siguió acogiendo a miles de presos palestinos detenidos en todas las grandes movilizaciones posteriores. En la cárcel, no me olvidé de l@s compañer@s, que llevarían horas y horas arrodillad@s en el puerto, mientras le llegaba el turno de pasar al control judicial.

La estancia en la cárcel fue una copia de lo vivido en el puerto. Celdas abarrotadas por encima de su capacidad, en mi celda por ejemplo trece personas en una de ocho, falta de colchonetas para dormir, falta de papel higiénico, y lo peor, falta de atención médica y suministro de medicinas a personas que las necesitaban obligatoriamente (y las llevaban consigo, pero no le permitieron que las tuvieran en las celdas) tales como insulina, pastillas para problemas cardiacos, u otro tipo de dolencia con medicación obligatoria. Hay dos ejemplos que representan otros muchos. A un compañero diabético, le niegan la insulina y antes las protestas de los compañeros de su celda, gritando y golpeando las puertas, cuando la policía acude a sofocar el alboroto, y le explican en inglés que el compañero necesita su medicación y atención médica, el policía con más mando contestó, también en inglés, "aquí no tenemos médicos para animales".

Otra compañera, con problemas de corazón, y que, por las protestas de la celda, también acudió la policía, frente al argumento de que la falta de medicación le producía un riesgo de parada cardiaca y muerte, le respondieron que, el riesgo de muerte lo tendría cuando tuviera la parada cardiaca, y hasta que no sufriera esa parada no había riesgo. Solo, después de tres días de protestas, fueron suministrados los medicamentos solicitados, pero esto no salió gratis. En más de una ocasión paras reprimir las protestas, la policía, equipada como antidisturbios, y llevando perros, entraban en las celdas, encañonaban a la gente, y las sacaban con las manos maniatadas con bridas a la espalda, grilletes en los pies y ojos vendados, y era llevada a jaulas, donde las tenían en esa posición durante cuatro o cinco horas.

Sin entrar en más detalles de los que hay abundancia, para denunciar el trato vejatorio, inhumano y contrario a los derechos de cualquier detenido, obviando que éramos no detenidos, sino personas secuestradas que estaban cumpliendo una misión humanitaria, podemos decir que la situación no fue mucho peor, gracias a la movilización popular y la condena mundial del régimen genocida de Israel, convertido en un estado paria cada vez más despreciado por la mayoría de la población mundial, incluidos millones de población judía no sionista, que vive mayoritariamente fuera de Israel.

Es necesario mencionar antes de acabar el diario, el caso de la compañera de la flotilla, Reyes Rigo, única española retenida aún en la cárcel, acusada de "haber mordido" a una sanitaria israelí. La compañera Ale, que compartía celda con ella y que ya llegó a Madrid, cuenta la verdad, como testigo directo del bulo sionista, en un vídeo de 3'5 minutos donde no deja ninguna duda de lo que realmente pasó. El vídeo, emitido en la "Base TV" y podéis verlo en https://x.com/LaBase_TV/status/1975607804565352494?t=YLJTJGNv36NrdQT6DD0e1A&s=09

Tod@s los miembros de la flotilla, liberados del secuestro del ejército sionista, seguimos nuestra lucha desde nuestra ciudad, desde nuestro pueblo, desde nuestro barrio, desde nuestro centro de trabajo, desde todos nuestros círculos de convivencia. Seguiremos impulsando flotillas y misiones que de una u otra forma llegarán a las entrañas de la bestia, para gritarles asesinos genocidas y Viva Palestina Libre. Ahora mismo la Freedom Flotilla Coalition y Thousand Madleens, se encuentran navegando en estos momentos cerca de la costa de Gaza. Son nueve embarcaciones: el barco Conscience de la Flotilla de la Libertad y ocho veleros de la Thousand Madleens. Ya están en riesgo de ser secuestrados y podemos seguir su situación, pulsando el enlace https://freedomflotilla.org/ffc-tmtg-conscience-tracker/ donde podremos ver la posición del buque Conscience.

Nuestra infinita gratitud, a millones de personas que nos han acompañado con su aliento, y su movilización, para exigir el fin del genocidio. Todas íbamos en el mismo barco, y seguiremos navegando contra el colonialismo en todas sus formas y la libertad de los pueblos. Acabamos con un lema del pueblo cubano, uno de los más firmes defensores de Palestina:

¡¡Hasta la victoria siempre!!